# 知識ゼロからの ビジネス法務

弘兼憲史
Kenshi Hirokane

萩谷法律事務所・監修

● リスクマネジメント
● 会社は、こうしてつくられる
● 不動産
● 意匠権・商標権
● 契約とは
● 国際取引
● 信用調査
● 債権の回収
● 賃金とは
● 休暇、休業

幻冬舎

# まえがき

粉飾決算、食品偽装、偽装請負など、不祥事（法律違反）を起こして危機に陥る会社が後を絶たない。企業に対して法令の遵守（コンプライアンス）や情報公開（ディスクロージャー）を求める声は強まるばかりだ。甘い「自社内ルール」では、もはや生き抜いていけない。法的に正しく会社を経営することが欠かせなくなっている。

法律を守るためには、まず法律を知らなければなにも始まらない。それは経営者や法務部の社員にかぎらない。一線で働くビジネスパーソンたちにも求められることだ。法律知識を生かし、不要なトラブルを避けることが、さらなるビジネスチャンスにつながるのだ。

とはいえ、ビジネスにかかわる法律の数は膨大であり、次々に新しい法律がつくられ、改正が行われている。一朝一夕に身につくものではない。

本書では、「ビジネス法務」について、専門用語を極力排し、初心者にもわかりやすいよう図解を中心にまとめた。

本書をまとめるにあたっては、萩谷法律事務所の弁護士、萩谷雅和氏、松江協子氏、渡辺一成氏に、多大なるご指導とご協力をいただいた。ここに厚くお礼を申し上げたい。

二〇〇九年一月

弘兼憲史

## 序章　ビジネスパーソンよ　法律を手に戦え

まえがき……1

【ビジネスパーソンと法律】あるときは身を守る盾、あるときは武器に……10

【リスクマネジメント】リスクの徹底管理が「見えない危険」を取り除く……12

【コンプライアンス（法令等の遵守）】正しく歩むことが利益になる時代が来た……14

集中トピックス　不正をしない・できない会社をつくる…金融商品取引法と内部統制……16

## 第1章　会社は法律でできている

【会社法時代の会社とは】会社は大きく2つに分けられる……20

集中トピックス　大勢からお金を集めて大きく商う……22

【株式会社】法人とはいったい誰か？…法人が必要とされるわけ……24

【会社はこうしてつくられる】株式会社は1円あればつくることができる……26

【会社を構成する機関】会社を動かす8つのピース……28

【取締役の役割】取締役は会社の頭脳であり顔だ……30

知識ゼロからのビジネス法務　もくじ

## 第2章　法律で会社の財産・権利を100％生かす

【会社の財産】法律知識が財産を生かす、守る……50

【不動産】不動産は登記に始まり、登記に終わる……52

【集中トピックス】登記事項証明書で不動産の真の姿がわかる……54

【知的財産権とは（無体財産権）】「ヒト・モノ・カネ」に並ぶ見えない財産……56

【特許権】発明は20年間独占できる……58

【意匠権・商標権】権利を確保してコピー商品に対抗する……60

【監査役の役割】会社の業務に目を光らせる第3の目……32

【株主】会社の「オーナー」は多種多様な「株主」……34

【株主総会】株主が一堂に会し、経営に「物申す」……36

【株主代表訴訟】株主は取締役を訴えることもできる……38

【集中トピックス】譲歩すればつけ込まれるだけ…総会屋と戦う……40

【情報公開（ディスクロージャー）】会社の状態は包み隠さずオープンに……42

【M&A】他社を買い取ってパワーアップ……44

【集中トピックス】不正な株取引には懲役もある…インサイダー取引……46

# 第3章 「スキのない契約で利益を確実に」

【契約とは】お互いを権利と義務で結びつける……70

【取引の相手】契約できる相手、できない相手を見分ける……72

集中トピックス 契約書をつくるときの基本の基本……74

【契約が無効・取り消しとなる場合】ウソや勘違いがあれば契約は取り消せる……76

【契約違反】契約が守られなければペナルティも……78

【貸し借りの契約】返し方にはルールがある……80

【外部との請負契約・委任契約】下請けいじめは法律で禁じられている……82

【インターネットによる契約】見えない相手との契約は慎重に行う……84

【国際取引】どちらの国の法律に従うかが問題……86

【ビジネス文書】正確な書類がトラブルを予防する……88

集中トピックス 実印を押す場合、認印でよい場合…印鑑の知識……90

【著作権】著作権は創作された瞬間に発生する……62

集中トピックス ホームページの法律問題Q&A……64

【営業秘密】秘密の書類にはマル秘と書く……66

# 第4章 債権管理・回収は常に一手先を読む

【手形】手形には会社の信用がかかっている……92

【集中トピックス】手形を受け取ったら、表も裏もチェックする……94

【小切手】銀行に持ち込めば、すぐにお金にできる……96

【信用調査】相手を知らずに契約してはいけない……100

【債権管理の基本知識】契約が完了するまで油断は禁物……102

【担保とは】足りない信用は担保でカバー……104

【抵当権】もしものときは抵当物件を売って回収……106

【債権の回収(交渉による)①】取引先の危ないサインを見逃さない……108

【集中トピックス】「知らない」とは言わせない…内容証明郵便……110

【債権の回収(交渉による)②】お金がなければ別の方法で回収する……112

【債権の回収(法的手段による)①】裁判所による解決方法は訴訟だけではない……114

【債権の回収(法的手段による)②】まず資産を動かせないように……116

【会社の倒産】廃業か再生かを見きわめる……118

【取引先倒産の債権回収】倒産手続によって債権の扱いが変わる……120

# 第5章 社内を制する者がビジネスを制す

集中トピックス 借金は勝手に分割できない…債権・債務と相続……122

【労働契約】あなたは契約により働いている……126

【社内ルール】就業規則は皆が知らなければ意味がない……128

【賃金とは】給与やボーナスには「正しい支払い方」がある……130

【労働時間】労働時間のルールは会社によって違う……132

【休暇・休業】入社6か月で有給休暇の権利が……134

【配置転換・出向】転勤の命令には原則逆らえない……136

【職場と男女の問題】悪気はなくてもセクハラに……138

【パワーハラスメント】熱い指導は職場いじめになる……140

【集中トピックス】うつ病、過労死は労災となるか？……142

【社内の罪と罰】私用メールは最悪解雇もある……144

【退職・解雇】解雇するには「予告」が必要……146

【パート・アルバイト・契約社員】パートタイマーにも有給休暇はある……148

【派遣】派遣社員のミスは誰の責任か？……150

知識ゼロからのビジネス法務　もくじ

## 第6章　消費者や社会を読めない会社は沈む

【独占禁止法】談合はどうして悪いのか……154

【消費者を守るルール】勘違いさせるような契約は認められない……156

集中トピックス　消費者は悪質な販売業者から守られる……158

【PL法（製造物責任法）】製品の欠陥はお金と信用を失う……160

【個人情報保護法】賠償額が数億円を超えることも……162

【クレーム処理】クレーム対応に欠かせないのは「誠意」……164

【内部告発】通報者への仕返しは禁じられている……166

【環境対策】環境への姿勢が株価を左右することも……168

集中トピックス　困ったときは外部の力を借りる……170

参考文献……173

さくいん……174

## 序章

# ビジネスパーソンよ法律を手に戦え

法律というと、自分には縁遠いもののように思うかもしれない。

しかし、ビジネスパーソンの活動すべてに、

法律がかかわっていると言っても過言ではない。

法律の知識の差は、そのまま仕事力の大きな差になる。

## ビジネスパーソンと法律

# あるときは身を守る盾、あるときは武器に

消費者に物やサービスを提供し、取引相手と交渉し、契約を結び、社内では指示・命令を受け、会議を行う。ビジネスパーソンは、さまざまな場面でさまざまな立場の人とかかわる。こうしたビジネスの活動の基礎には、実は「法律」というルールがある。

利益を気にかけても、法律の規定を意識することは少ないかもしれない。しかし、法律を守って正しい経営を行うこと（コンプライアンス→14ページ参照）が要求される時代、法律を知らないことは、大きなビジネスリスクとなるのだ。

### ●株主に対して

**株主とのかかわり方**
会社法により、株主の権利や株主総会の実施方法、株主が役員を訴える方法などが決められている（34～39ページ参照）。

### ●消費者に対して

**物やサービスを販売する**
消費者契約法などにより、不正な販売方法から消費者の権利を守るルールが決められている（156～159ページ参照）。

**製品の性能に対する責任**
PL法などにより、製品に欠陥があった場合、どんな責任を負うのか決められている（160ページ参照）。

### ●社会に対して

**環境保全への配慮**
環境基本法などにより、地球環境を守るための製品づくりや、廃棄・リサイクルの方法が決められている（168ページ参照）。

**社会に対する貢献**
金融商品取引法の「内部統制」などにより、社会への責任を果たし、それを明らかにすることが求められている（16ページ参照）。

序章 ビジネスパーソンよ 法律を手に戦え

## ビジネスの背景には必ず法的ルールがある

### ●取引先に対して

**契約を結ぶ、債権を回収する**
民法などにより、法的に有効な契約書の書き方や、債権回収のルールが決められている（70〜97、100〜117ページ参照）。

**取引先が倒産したら**
破産法、民事再生法などにより、倒産時の手続が決められている。こうした法律を知ったうえで、残った債権の回収などをはかる（118〜121ページ参照）。

**フェアな取引を行うために**
独占禁止法などにより、正しい取引のルールが決められている（154ページ参照）。

**自社の権利を守るために**
特許法などの知的財産法により、自社の生み出した製品やノウハウを守ることができる（56〜67ページ参照）。

### ●会社内で

**会社で働くルール**
労働基準法などの労働法により、賃金や労働時間など、会社で働く労働者の最低限の権利が決められている（126〜151ページ参照）。

**取締役など役員に対して**
会社法などにより、会社の設立から運営、役員の役割や義務が決められている（20〜47ページ参照）。

法律の知識を活用すれば、大きな利益を得ることや、不測の事態へのスムーズな対処も可能になる。

## リスクマネジメント

# リスクの徹底管理が「見えない危険」を取り除く

## 会社は常にリスクにさらされている

**リスクとは●●●●** 会社が抱える「見えない危険や不確実性」

【リスクの例】

- 地震や台風などの自然災害により、会社の財産に大きな被害が出る。

- 損害賠償を請求される。
  → 製品の欠陥や個人情報の流出で消費者から。
  → 取締役の放漫経営に対して株主から。
  → セクハラやパワハラにより従業員から。

- 取引先が倒産して、債権が焦げついてしまい、売り上げが激減する。

- 会社の不祥事が明らかとなり、行政指導や罰金を科せられ、信用が失われる（場合によっては廃業もある）。

- 独自に開発した商品のコピーが出回り、利益が失われる。

100％リスクをなくすのは不可能だ。
しかし、できるかぎりリスクを小さくすることが欠かせない。

日々の業務のなかには、目に見えない危険や不確実な要素が必ず含まれている。これがリスクである。リスクが表面化して、処理のしかたを誤ると、大きなトラブルに発展し、多大な時間や労力、お金が必要になることもある。

起こりうるリスクを想定し、もしものときの損害を最小限に抑える対策をとることが必要だ。これを「リスクマネジメント」と呼ぶ。

リスクマネジメントでは、そのリスクが法律違反になるかどうか、また、法的にどんな解決ができるのかといった、法律とのかかわりも重要である。

12

序章 ビジネスパーソンよ 法律を手に戦え

## 情報を集め、リスクへの対応法を確立する

### ①どんなリスクがあるかを知る
#### ➡洗い出し
- 従業員へのアンケートやヒアリングなどから、社内にどんなリスクがあるのか調べる。
- 同業他社の事例をくわしく調べる。

### ②対応策をつくる
#### ➡分析
リスクの大きさをはかり、優先順位をつける。

#### ➡予防
- リスクを回避する（リスクの原因となるものを使わない。自動車事故を避けるため自動車は使わないなど）。
- リスクを小さくする（取引の際、事前の信用調査を厳格にするなど）。
- リスクを外部へ出す（損害保険に加入するなど）。
- 何もしない（発生する確率が低く、被害も小さいと思われる場合など）。

### ③リスクが現実になったら
#### ➡処理
②の対応策により、損失を最小限にとどめる。

### ④経験を次に生かす
#### ➡結果の検証
問題が解消したら、必ず原因や解決の過程を見直し、今後のリスク管理に生かす。

リスクは怖がるだけじゃダメだ。きちんと管理することが経営の質を高め、会社の競争力を強くする。

# コンプライアンス（法令等の遵守）
## 正しく歩むことが利益になる時代が来た

### 度重なる不祥事から、コンプライアンスが注目された

#### 雪印食品事件
平成14年、牛肉の産地を偽装していたことが発覚。信用回復を果たせず、廃業することになった。その後、食品偽装は不二家、船場吉兆なども起こしている。

#### ライブドア粉飾決算
平成18年、海外口座や子会社を使った粉飾決算が発覚。会社は上場廃止に追い込まれ、社長らは逮捕された。

#### 三菱自動車のリコール隠し
平成12年にクレーム隠蔽(いんぺい)、その後、三菱ふそうバス・トラックがタイヤの脱落事故に対するリコール*を怠っていたことが発覚。社長などが逮捕され、会社の信用が失墜した。

*製品などに欠陥が明らかになった場合、製造会社が新聞などに公示して、無償修理、交換、返金などを行うこと。

#### グッドウィルの二重派遣
平成20年、人材派遣会社グッドウィルの二重派遣が発覚。幹部らが逮捕され、会社は廃業となった。

*派遣会社（このケースはグッドウィル）がいったん労働者をA社に派遣し、A社がその派遣社員を、さらに別の会社に派遣すること。

コンプライアンスは、「法令等の遵守(じゅんしゅ)」などと訳され、会社が法律や社会常識を正しく守って事業を行うことを指す。

かつて、利益のためなら多少の行き過ぎはやむを得ないといった意識（売上至上主義）が横行していた。しかし、会社の不祥事が次々と表に出て社会問題化するなか、正しい経営＝コンプライアンスというブレーキの存在がクローズアップされてきた。

コンプライアンスは会社全体の問題であり、取締役など経営者が率先して、社内のしくみや意識を変えていかなければならない。

14

序章 ビジネスパーソンよ 法律を手に戦え

不祥事を起こした会社は、コンプライアンスの意識が欠けていたんだ。

### コンプライアンスの実践が必須に

- 度重なる会社の不祥事を受け、「法的に正しい経営」が社会的に求められるようになってきた。
- 不祥事を起こした場合の損失が大きいため、会社もコンプライアンス体制をつくることに積極的になった。

### コンプライアンスの第一段階
#### 法律を守る
いざ事が起こったとき、法律を知らなかったでは通らない。法律を知り、正しく理解することが第一歩となる。

### コンプライアンスの第二段階
#### 社内ルールを守る
法律や社会常識、良識に則した社内規程、業務マニュアル、倫理綱領（行動基準）などをつくることが必要になる。

### コンプライアンスの第三段階
#### 経営理念や倫理基準を確立する
消費者を第一に考え、会社全体がそれに見合った行動をする。また、社会貢献などCSRも含めた取り組みを行う。

**POINT　CSRとは「社会への責任」**
会社には、社会に対して責任があるという考え方。環境保護（エコ製品など）や社会貢献（メセナ、ボランティアなど）を事業活動に組み込む。

# 不正をしない・できない会社をつくる …金融商品取引法と内部統制

ライブドアやカネボウの粉飾決算など、会計不祥事を受けて、金融市場の秩序を守り、投資家を保護するため「金融商品取引法」（日本版SOX法）が施行された。

なかでも重要なポイントは、上場会社に適法性や効率性のしくみづくり（内部統制）を求め、その報告を義務づけたことである（内部統制報告書）。

*2 内部統制を義務づけられているのは上場会社だが、今後は、中小の会社も規模に見合った内部統制のしくみづくりが求められることになるだろう。

## 金融商品取引法 4つのポイント

### ① 上場会社は情報公開をしなければならない
上場会社は、発行する株式の情報（証券情報）と会社の情報（企業情報）の開示が義務づけられた。

**証券情報**…有価証券届出書、目論見書。
**企業情報**…有価証券報告書、四半期報告書、内部統制報告書など。

### ② 会社を買収するときは、その情報を公開しなければならない
市場を通さず直接投資家から多くの株（全株式の5％超など）を買う場合、買付価格や数量を開示することが義務づけられた。

### ③ 金融商品取引業者は登録制に
一般投資家向けの金融商品取引業者（証券会社や投資ファンドなど）は登録が必要になった。

### ④ インサイダー取引の罰則が強化
5年以下の懲役または500万円（法人は5億円）以下の罰金となった。

*1 会社の1年間の業績を明らかにする決算書で実態とは異なる嘘の内容を記載すること。
*2 なお、大会社には会社法でも内部統制の整備が義務づけられている。

序章 ビジネスパーソンよ 法律を手に戦え

## 内部統制システムとは 正しく無駄のない会社活動のしくみ

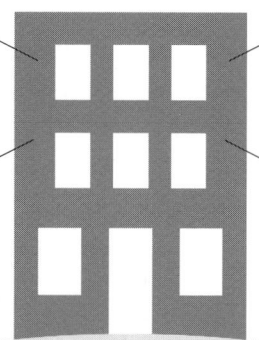

- 業務の無駄をなくし、効率を高める（**業務の有効性および効率性**）。
- コンプライアンス体制（14ページ参照）をつくる（**事業活動にかかわる法令の遵守**）。
- 正しく財務諸表を作成し、情報公開を行う（**財務報告の信頼性**）。
- 会社資産の取得、使用、処分を正当な手続で行う（**資産の保全**）。

### これらを達成するために

- （**統制環境**）内部統制を行いやすい社内環境をつくる。
- （**リスクの評価と対応**）リスクを洗い出して対策を行う（12ページ参照）。
- （**統制活動**）不正やミスを予防できるしくみをつくる。
- （**情報と伝達**）内部統制に必要な教育を行う。また、必要な情報がすばやく社内全体に届くようにする。
- （**監視・モニタリング**）内部統制が適正に行われているか、チェックする。
- （**ITへの対応**）ITを積極的に取り入れて、活動に生かす。

上場会社は、事業年度ごとに「内部統制報告書」に活動内容をまとめて、内閣総理大臣（内閣府）に提出する。

# 第1章
# 会社は法律でできている

自分が働いている会社のことを、どれだけ知っているだろうか。

会社の形や活動は、法律で規定されている。

なりたちから組織運営まで、

「法律」という観点から会社を学ぼう。

## 会社法時代の会社とは
# 会社は大きく2つに分けられる

会社とは、利益を得るために、継続して事業を行う法人（24ページ参照）だ。企業ともいう。不特定多数の人から資金を集められる「株式会社」と、比較的少人数の出資により運営される「持分会社」があり、持分会社はさらに3タイプに分かれる（図参照）。

株式会社は多くのお金を集められるが、それだけに手続や運営に法的ルールが多い。持分会社は会社経営の自由度は高いが、出資者の責任が大きいのが問題だった（無限責任）。

そこで、出資者全員を有限責任にできる合同会社がつくられ、より会社を興しやすい環境となっている。

### 出資者の責任の持ち方が違う

#### 株式会社

● 会社の資金は、発行する株式を出資者に買ってもらい集める。

● 会社の業務は、出資者が直接行うか（オーナー経営）、株主総会で選ばれた取締役が行う。意思決定の方法や出資者への利益の配分法は、法律の定めにしたがう。

● 出資者は、自分が出資した分のみ責任を持つ。

---

★キーワード★
「有限会社はもうつくれない…」

会社法により、有限会社は株式会社に統合され、新規設立ができなくなった。ただし、従来からある有限会社は「特例有限会社」として存続できる。有限会社のメリット（取締役に任期がないなど）を引き続き生かせるのだ。

20

# 会社

## 持分会社

●会社の資金を出した出資者が直接会社の業務を行い、意思決定の方法や利益の配分法は、定款（26ページ参照）で定めればよい。

●信頼関係のある、少人数の会社経営に利用される。

### 持分会社には3つの種類がある

**合同会社**

有限責任の出資者のみ。出資者は、自分が出資した分のみ責任を持つ。

**合名会社**

無限責任の出資者のみ。出資者は債務を限度なく負担する。

**合資会社**

有限責任と無限責任の出資者がいる。無限責任の出資者は債務を限度なく負担、有限責任の出資者は、自分が出資した分のみ責任を持つ。

出資者全員の同意があれば、株式会社→持分会社、持分会社→株式会社に組織変更ができる。

# 株式会社
## 大勢からお金を集めて大きく商う

> 株主と経営者の二人三脚で進む

「株式」を発行して、事業に賛同する人たちからお金を集める。

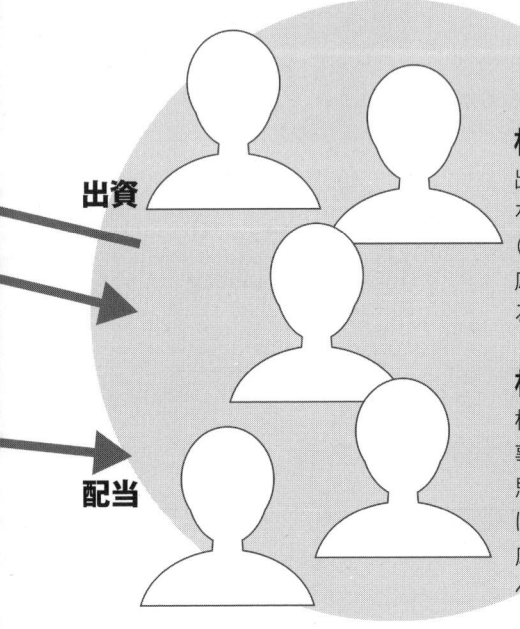

**出資**

**配当**

**株主**
出資者は、資力に応じた額を出資して会社のオーナー（株主）となる。出資額に応じた株式を持つことになる（34ページ参照）。

**株主総会**
株主は株主総会を開いて、事業の重要事項について意思決定を行う。個別の株主は、出資した額（株数）に応じた議決権を持つ（36ページ参照）。

日本の会社の90％以上を占める株式会社は、上図のように不特定多数の出資者から資金を集められるため、個々の出資者の資金力を超えた事業活動が可能になる。規模もさまざまだ。会社法では、資本金5億円以上または200億円以上の負債がある会社を大会社、それ以外を中小会社と分ける。

また、発行する株式（一部でも）を自由に譲渡（売買）できる会社を公開会社、株式の譲渡には会社の承認を必要とする会社を非公開会社という。

こうした違いにより会社に置く機関（28ページ参照）が異なる。

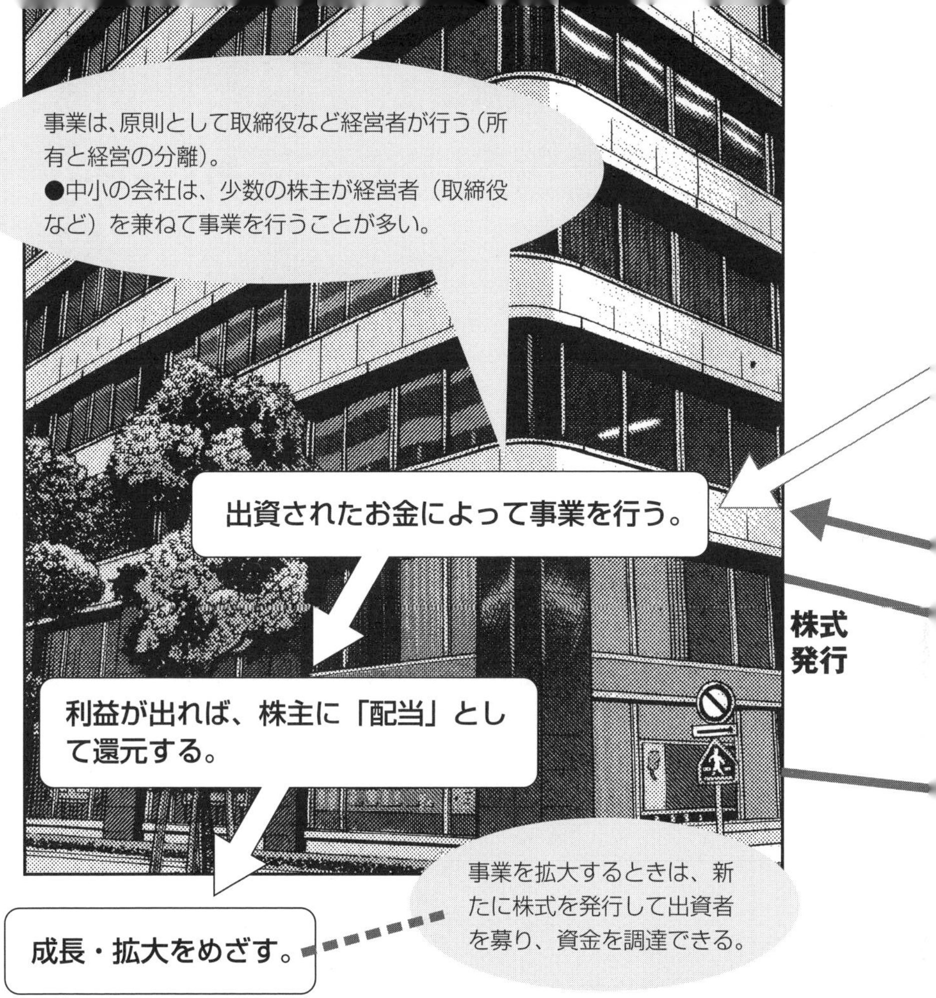

事業は、原則として取締役など経営者が行う（所有と経営の分離）。
●中小の会社は、少数の株主が経営者（取締役など）を兼ねて事業を行うことが多い。

出資されたお金によって事業を行う。

株式発行

利益が出れば、株主に「配当」として還元する。

成長・拡大をめざす。

事業を拡大するときは、新たに株式を発行して出資者を募り、資金を調達できる。

## セーフorアウト　株式上場はいいことばかりではない

自社の株式を、証券取引所で誰でも自由に取得できるようにすることを上場という。より多くの人から出資を募ることができるので、大規模な資金調達が期待できる。

反面、株式を上場すると、情報開示義務などにより、事務処理コストが増える。また、株主の発言力が増し、経営者の思うように事業が進められないことも出てくる。そのため、設立したばかりの会社や規模の小さい会社は、株式に譲渡制限をつけていることが多い。なお、公開会社（本文参照）は必ずしも上場会社とはかぎらない。

# 法人とはいったい誰か？……法人が必要とされるわけ

## 法人なら契約を結び財産を持つことができる

### 法人とは

会社など、法律によって「人」と扱われる団体。団体の名前で契約したり、財産を持つことができる。

法人は、申請や許認可など、法的な手続により成立する。そのため、取引相手などから信用を得やすく、事業などを行いやすい。

### 個人企業（個人事業主）が法人（会社）になる理由とは

- 従業員を雇いやすい。
- 事務所などを借りやすい。
- 金融機関から資金を借りやすい。
- 個人の財産と法人の財産を明確に分けられる。

**POINT**
個人企業とは、単独で資金を出し1人で営利活動を行う人。

### 団体が法人になる理由とは

- 法人として契約したり、財産を持つことができる。
- メンバーの役割や責任を法的に明確にできる。
- 取引先や一般の人から信用を得やすい。
- 助成金などを受けやすい。

へえ、わたしもお店を"法人"にしたほうが信用力が上がって、もうかるかしら。

## 国や県も法人の1つ

### 公法人
国や公共の事務を行うためにつくられた法人

| 国 | 地方公共団体 | 特殊法人（国の監督下で事業を行う） |
|---|---|---|
|  | 都道府県、市区町村。 | 日本銀行、日本赤十字社、日本放送協会など。 |

### 私法人
公法人以外の法人

**公共の利益に尽くすことを目的とする（公益法人）**
宗教法人、学校法人、社会福祉法人、NPO法人など。

**金銭的な利益を得ることを目的とする（営利法人）**
株式会社、合名会社、合資会社、合同会社。

**メンバー共通の利益をはかることを目的とする（中間法人）**
法人登記をした労働組合、業界団体など。

注・公益法人と中間法人は平成20年12月に廃止され、5年以内に活動内容に応じて「一般社団法人」「公益社団法人」などに移行する予定。

現代社会では、多くの人が集まって団体や組織をつくり、さまざまな活動が行われている。団体や組織に、人と同じような権利・義務を与えて、契約を結んだり、負債の責任を負ったりできるようにしたのが法人である。

組織や団体が法人になることで、右図のようなメリットが得られる。

会社のように商売を目的としたもの（営利法人）だけではなく、国や市区町村など、公共の事務を行う組織も法人となる。

会社は、会社以外の法人とも取引を行うことがある。それぞれに法律上の扱いが異なる。その法人の性格を、取引の前に知っておくことが重要だ。

# 株式会社は1円あればつくることができる
会社はこうしてつくられる

## 会社が設立されるまでの流れ

**①〜⑥は定款に必ず記載する**
①**会社の目的**…どんな事業を行うか。
②**商号**…会社名。会社の種類を示すものも入れる（「株式会社」など）。
③**会社の所在地**（本店所在地）…市区町村までを書く。
④**設立にあたっての出資額**
⑤**会社が発行する予定の株式の総数**…設立登記までに記載すればよい。
⑥**発起人の氏名、住所**

### 定款をつくる
発起人が集まり、会社の基本事項を決めて文書（定款）にする。
●公証人役場へ行き、定款に不備がないか、公証人に確認・認証してもらうことが必要。

### 発起人（ほっきにん）
会社設立の手続を行う人を発起人という。1人でも複数でもかまわない。
●自分たちの資金で設立する場合（**発起設立**）と、出資者を募る場合（**募集設立**）がある。

---

株式会社の設立には、会社の登記（設立登記）を行うことが必要になる。会社名（商号）や会社の所在地、行う仕事の内容を決めて（定款）、法務局に届け出るのだ。設立登記により、公的に会社の存在が認められ、会社として活動できるようになる。

なお、これまで株式会社設立には1000万円の資本金（会社が最低限準備しておかなければならないお金）が必要だったが、現在は資本金が1円でも株式会社をつくれる。とはいっても、事業を行う以上、一定の元手（出資金）は必要である。

*ただし、登記のための費用はかかる。最低15万円（平成20年12月現在）。

> 定款は、単なる設立時の添付書類ではない。後で変更するには、株主総会の承認を受けなければならん。他社がその定款を見て、取引を決めることもあるんだ。

## 当初の資金をとりまとめる

資金を委託する金融機関（通常、設立後のメインバンク）を決めて、発起人が出資金（引き受ける株式分のお金）を払い込む。
● 募集設立では、出資者それぞれが、委託金融機関の口座に引き受けた株式の代金を払い込み、「出資払込金保管証明書」を発行してもらう。

## 取締役など、会社の役員を決める

● 募集設立では、創立集会を開いて役員などを決める。

## 設立登記を申請する

会社の所在地のある法務局（登記所）で行う。
● 商業登記された内容は、取引先をはじめ、誰でも見ることができる。

**株式会社が成立**

# 会社を動かす8つのピース

株式会社を構成する機関

## 取締役と株主総会は欠かせない

**取締役会**
3人以上の取締役で構成され、業務の行い方について決定する。代表取締役が、取締役会の代表として業務を行う。
●公開会社（22ページ参照）は取締役会を、必ず設置しなければならない。

**取締役**
株主から経営を任されて、会社の業務を行う。取締役会設置会社では、取締役会の構成員となる。

すべての株式会社に必須。

**株主総会**
（36ページ参照）
株主が集まって、事業の重要事項について意思決定する。それぞれの機関の選任・解任を行う（委員会、執行役を除く）。

すべての株式会社に必須。

　会社の事業を行うのが、会社の「機関」である。株式会社の場合、8種類の機関がある（図参照）。実際に業務を執り行う取締役、事業の重要事項を決定する取締役会や株主総会、経営内容をチェックする監査役などに分けられる。

　ただし、このうちすべての株式会社に必要なものは、株主総会と取締役のみ。会社の規模が大きくなるほど（また、公開会社になると）、責任の重大さから、設置を義務づけられる機関は増える。

　ただし、会社法により、経営方針に合った機関の組み合わせの自由度は高くなっている。

28

第1章 会社は法律でできている

株式会社の適正な経営は、それぞれの機関が役割をしっかり果たすことで実現される。

### 会計監査人
会社の決算書などの計算書類に、粉飾などがないかを調べる。
●会社から独立した立場にある、公認会計士か監査法人*がなる。

*公認会計士が集まって設立した法人。

### 監査役・監査役会
取締役の行う経営が、法的に問題ないかを調べる。
●監査役会は3人以上の監査役（その半数以上は社外監査役）が集まったもの。監査役会として監査報告をつくり、株主に提出する。

### 会計参与
取締役と共同で、決算書などの会社の計算書類を作成する。
●公認会計士、監査法人、税理士、税理士法人のいずれか。

協力して業務を行う。

---

監査役・監査役会の代わりに、委員会を置き、「委員会設置会社」（33ページ参照）とすることができる

### 委員会
取締役の業務をチェックする。指名委員会（取締役を選任・解任）、監査委員会（取締役、執行役の監査）、報酬委員会（取締役、執行役の報酬を決める）の3つを置く。
●それぞれ取締役から選ばれる（過半数は社外取締役であること）。

### 執行役
委員会を設置した会社で会社の業務を行う。
●取締役会により選ばれる。取締役と兼任することもある。

29

## 取締役の役割
# 取締役は会社の頭脳であり顔だ

株主に代わって、会社の業務を行うのが、社長、専務、常務などの取締役（または取締役会）だ。

株式会社に不可欠の存在である。事業を成功に導き、株主に利益をもたらさなければならない。

公開会社（22ページ参照）では、株主総会で3人以上の取締役を選び、取締役会を置く。取締役会から、代表取締役が選ばれる。

非公開会社（中小企業など）は、取締役会の設置は必要ない。株主自らが取締役として経営にあたる場合が多く、取締役会の役目は株主総会で事足りるためだ。また、特に代表取締役を置く必要もない。

**公開会社では、取締役会が必ず設けられる**
- 3人以上の取締役で構成される。
- 必要に応じて取締役会を開き、会社の重要事項を話し合い、代表取締役から業務の報告を受ける（最低3か月に1回以上）。
- 取締役会の内容は、議事録にして記録しなければならない（10年間保存する）。

**業務上の重要事項の決定を行う役目を持つ**
重要な財産の処分、多額の借金の扱い、新株の発行、重要な役職の選任・解任、支店の設置・廃止、株主総会の招集など。

★キーワード★
「社外取締役」

取締役がすべて社内出身者だと、仲間意識からチェック機能がうまく働かないことも多い。そこで、取締役の一部を社外から迎えることが行われ始めた。

しがらみにとらわれない、他の取締役のブレーキとしての役割が期待されている。

## 取締役は、会社に対して大きな責任を持つ

第1章　会社は法律でできている

株主総会で選ばれる。任期は原則として2年

代表取締役は、取締役のなかから選ばれる会社の代表者
● 会社の業務を執行する権限を持つ。

### 取締役には4つの義務がある

**1** 注意深く、会社に損害を与えないよう努めなければならない（**善管注意義務**）。

**2** 常に会社の利益が最大になるよう、忠実に職務を行わなければならない（**忠実義務**）。

**3** 自分や第三者の利益のために、自社と競合する取引を行ってはならない（**競業禁止義務**）。

**4** 勝手に自社からお金を借りたり、自社に物を売ったりしてはならない（**利益相反取引の制限**）。

注・③、④は株主総会または取締役会の承認があれば、行うことができる。

取締役は、こうした義務に違反して会社に損害を与えた場合、
役職を解かれるだけでなく、賠償責任を負い、
個人として損害額の負担を求められることもある。

## 監査役の役割
# 会社の業務に目を光らせる第3の目

**株主に代わって取締役を監督する**

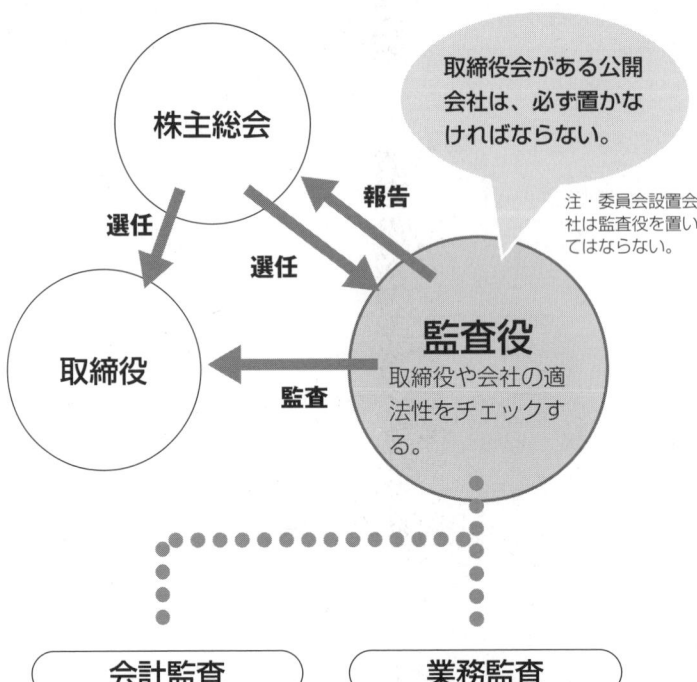

株主に代わって、取締役の経営の適法性をチェックするのが監査役の役割だ。

経営から独立した立場が必要となるため、取締役や従業員が監査役を兼任することはできない。任期は、会社の経営状況を継続的に見る必要があるため、取締役の2年に対して4年（非公開会社は最長10年）と長い。

ただし、非公開会社（中小企業など）は、株主自らが取締役として経営を行うことが多いため、株主のためのチェック機関である監査役を設置する義務はない（置いてもかまわない）。

## 監査役の力が存分に発揮されなければならない

第1章 会社は法律でできている

### 監査役の持つ権限
- 取締役や子会社に、いつでも事業報告を求められる。
- 会社の業務や財産を独自に調査することができる。

**不正やその恐れを見つけたら**
- 取締役に法律や定款への違反の恐れがある場合、差止請求ができる。
- 取締役会を招集することができる。

↓

取締役の不正な行為を発見したら、すぐに取締役会に報告する。

> 会社の不祥事は後を絶たない。社会的影響の大きな大会社ほど、強いチェック体制が必要だ。

「大会社で公開会社」なら、下の2つのいずれかを置く。

### 監査役会
3人以上の監査役が、それぞれ独立して会社の業務をチェックする。半数以上が会社に関係のない社外監査役であることとされるため、より公正な監査が期待できる。

### 委員会（29ページ参照）
取締役会の役割を、監査（委員会）と業務執行（執行役）に分けて、効率化をはかる。委員会、執行役を置く会社を「委員会設置会社」という。

注・監査役会、委員会のある会社は、いずれも会計監査人（29ページ参照）を置いて、会社の計算書類のチェックを受ける。

# 会社の「オーナー」は多種多様な「株主」

株主

株式会社の実質的な所有者は、株主である。しかし、株式を公開しているような会社では、取締役に委任して経営を任せる。これを「所有と経営の分離」と呼ぶ。

株主は、株主総会の議題について議決に参加できる。また、所有する株式の数に応じて、議題の提案（総株式数の1％以上）、会社の会計書類の閲覧（総株式数の3％以上）などの権利を持つ。*

経営に興味がない投資家に対しては、議決権がない代わりに優先的に配当を受けられるといった、権利内容の異なる株式の発行も行われている（種類株式）。

*取締役会設置会社の場合。それ以外の会社は保有株式数にかかわらず提案が可能。

## 株主には2つの権利がある

### 1
#### 会社からお金をもらうことができる（自益権）

● 会社が出した利益から、一定の分配（配当金）をもらえる（利益配当請求権）。

● 倒産などにより会社を清算する場合には、残った財産から配当を受けられる（残余財産分配請求権）。

● 会社によっては、一定以上の株式を持つ株主に対し、その会社の製品や割引券を提供するなどの「株主優待制度」がある。

### 2
#### 会社の経営に参加できる（共益権）

● 株主総会に議題を提起することができる（ただし、所有する株式の数により、提案できる内容には制限がある）。

● 株主総会に参加し、議決に加わることができる。

## 株式を多く持つ者は会社への影響力が大きい

（第1章 会社は法律でできている）

- 売買で大きな利益を得たいだけです。
- 亡くなった父から譲られただけよ。
- 持っている株は絶対に手放しません。

売買して利益を求める個人投資家、会社の経営に大きくかかわる大株主、長期的に株を持つ安定株主など。

株主は持っている「株式」の数により、平等に扱われる（株主平等の原則）。

**株主の力は株式の所有数で決まる**

**株式（議決数）を多く持っている**
- 株主総会では、多くの議決数を持つため発言力が強い。
- 配当を多くもらえる。

**株式（議決数）を少ししか持っていない**
- 株主総会では、少ない議決数しか持たないため発言力は弱い。
- 配当は少ししかもらえない。

経営者などが株式を持ち、大株主として直接経営を行っている場合（多くの中小企業）。

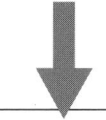

株式の売買を制限する（非公開会社）。

好ましくない者が、株主になることを防げる。

# 株主総会

## 株主が一堂に会し、経営に「物申す」

株主総会は、株主が取締役から事業の報告を聞き、会社の重要事項について多数決で決議を行う場（機関）である。

株主総会は、会社にとって最も基本的で重要なものであるため、招集や開催の方法、記録のとり方についても、法律でルールが定められている。招集は通常、代表取締役が行うが、総株式数の3％以上を持つ株主は株主総会を招集することができる。

これまで日本の株主総会は会社主導で行われてきたが、近年、株主とのコミュニケーションの場としての役割が重視され始めている。

## 法律で定められている株主総会開催の流れ

### 取締役会のある会社
▶会社の根本にかかわることを決められる。
- 定款の変更、資本の減少、会社の合併や解散について
- 配当の金額
- 取締役、監査役などの選任・解任
- 取締役、監査役などの報酬 など

### 取締役会のない会社
▶上記に加えて、経営に関する重要事項すべてを決められる。
- 重要な財産の処分
- 多額の借金の扱い
- 重要な役員などの選任・解任
- 支店の設置・廃止 など

## 株主総会の種類は2つ

### 定時株主総会
決算期ごとに開催され、1年間の事業報告が行われる。日本の会社は3月決算が多い。開催の準備期間は2か月までと決まっているため、6月に開催されることが多い。

### 臨時株主総会
経営上、株主の決議が必要になる重要事項が発生し、定時株主総会まで決議を待てない場合に開催される。

第1章 会社は法律でできている

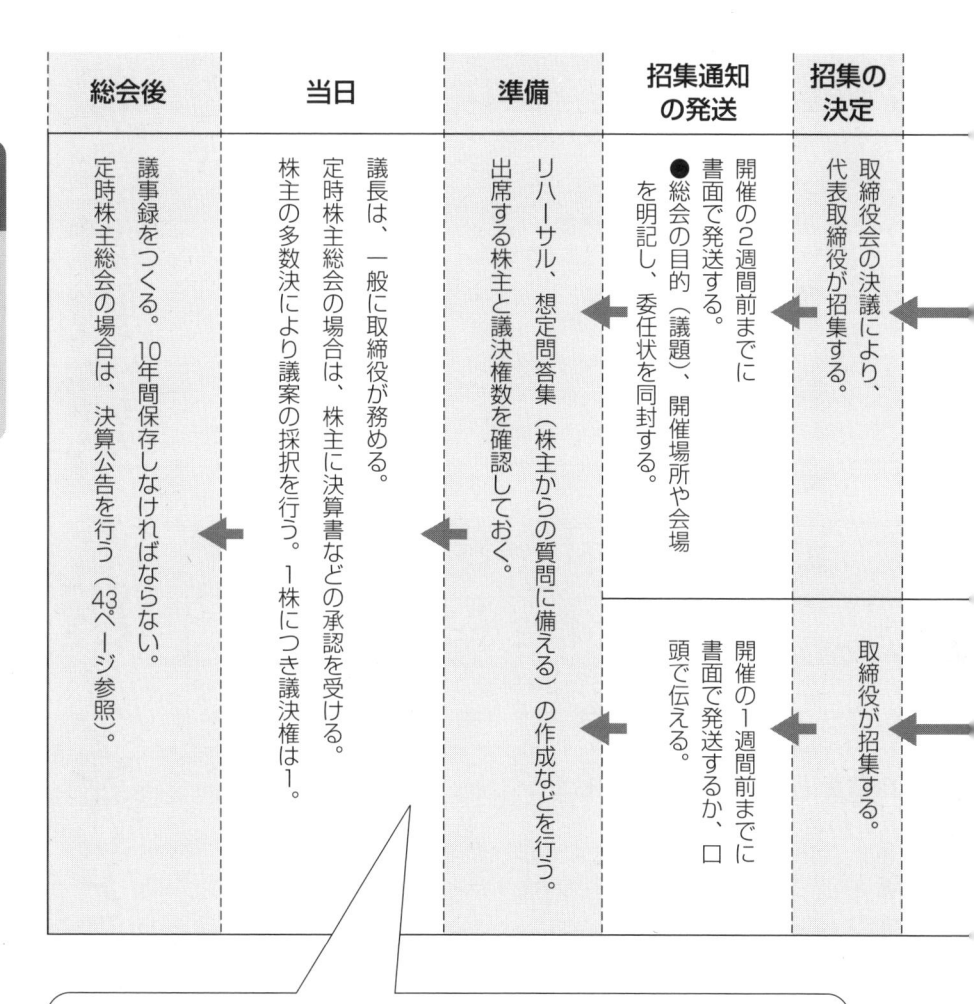

| 招集の決定 | 招集通知の発送 | 準備 | 当日 | 総会後 |
|---|---|---|---|---|
| 取締役会の決議により、代表取締役が招集する。 | 開催の2週間前までに書面で発送する。●総会の目的（議題）、開催場所や会場を明記し、委任状を同封する。 | リハーサル、想定問答集（株主からの質問に備える）の作成などを行う。出席する株主と議決権数を確認しておく。 | 議長は、一般に取締役が務める。定時株主総会の場合は、株主に決算書などの承認を受ける。株主の多数決により議案の採択を行う。1株につき議決権は1。 | 議事録をつくる。10年間保存しなければならない。定時株主総会の場合は、決算公告を行う（43ページ参照）。 |
| 取締役が招集する。 | 開催の1週間前までに書面で発送するか、口頭で伝える。 | | | |

## 議案により決議方法は異なる

**普通決議**
取締役の選任・解任など、通常の議案。
→ 出席した株主の持つ議決権の**過半数の賛成**で可決される。

**特別決議**
定款の変更、会社の合併や解散など、株主にとって特に重要な議案。
→ 出席した株主の持つ議決権の**3分の2以上の賛成**で可決される。

注・その他、株主の過半数が出席していて、議決権の3分の2以上または4分の3以上の賛成で可決される「特殊決議」もある。

# 株主代表訴訟

## 株主は取締役を訴えることもできる

### 取締役はこんな責任を問われる

- 自分や第三者の利益のために取引などを行い、会社に損害をもたらした。
- 経営判断のミスにより会社に損害を与えた。
- 従業員が不正な取引を行い、会社に損害をもたらした（取締役がそれに気づかなかった）。
- 安全への配慮が不十分で、従業員が職務中事故で亡くなった。
- 業績の悪化などを隠すため、定款（ていかん）などの規定に対して多すぎる配当を行った。

**会社や株主から、個人として損害賠償責任を問われる。**
（責任の重さは、行為の悪質さや損害の規模などにより判断される）

### 賠償責任が免除されることもある

賠償金額があまりに過重な場合など、
- 株主総会ですべての株主の同意があれば、賠償責任が免除される。
- 株主総会で特別決議（37ページ参照）があれば、賠償責任は一部免除される。

取締役が会社に損害を与えた場合、会社はその取締役に対して損害賠償を請求することができる。責任追及を行うのは、会社の監査役だ（32ページ参照）。しかし、監査役も会社役員の一人なので、厳しい対応ができないことも多い。こうした場合、株主は会社に代わって、その責任を追及することができる。これが株主代表訴訟だ。

1万3000円の訴訟手数料で訴えを起こせることから、訴訟件数が増えている。また、損害賠償金額が数百億円にのぼるケースもあり、取締役の経営判断の責任は非常に重くなってきている。

*平成20年11月現在。

> 私たちが黙っていたとしても、株主が黙っていないでしょう。

## 会社が責任追及しないとき、株主代表訴訟を行う

取締役や取締役会が、会社に損害を与えたが、
会社が、取締役などに対して責任追及をしない。
本来は、監査役など他の役員が訴えを提起する。

⬇

株主が会社に対して、
取締役や取締役会の責任を追及するよう求める。

⬇

会社が60日以内に責任追及（裁判所への申し立てなど）を行わない。
株主が、地方裁判所などに、取締役や取締役会を訴える。

### 株主代表訴訟

裁判によって、取締役の責任を追及していく。

**POINT**
- 勝訴した場合、賠償金は会社に支払われる（会社のために行われる訴えであるため）。ただし、訴訟にかかった費用は会社に支払いを請求できる。
- 退任した後も責任追及できる場合がある。また、取締役が死亡していても、遺族に対して責任追及できる場合がある。

# 集中トピックス

## 譲歩すればつけ込まれるだけ…総会屋と戦う

### 4割の会社が、総会屋などにかかわったことがある

総会屋など反社会的勢力から、金品の要求などを受けたことがあるか。

**ある 40.0%**

要求に対して、どう対処したか。

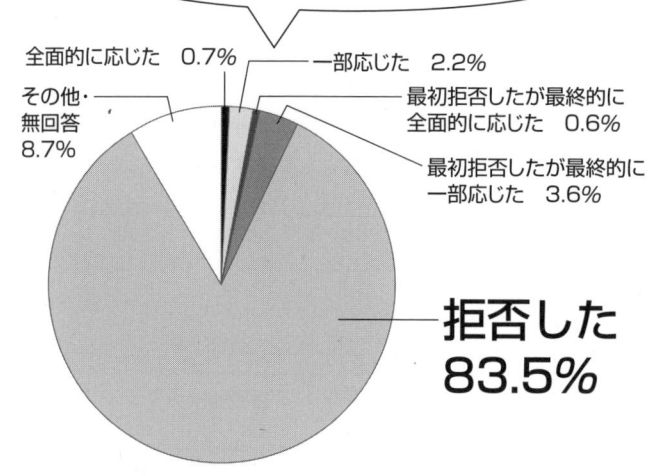

- 全面的に応じた 0.7%
- 一部応じた 2.2%
- 最初拒否したが最終的に全面的に応じた 0.6%
- 最初拒否したが最終的に一部応じた 3.6%
- その他・無回答 8.7%
- **拒否した 83.5%**

資料・全国暴力追放運動推進センター「平成17年企業アンケート」より。

総会屋とは、ある会社の株主となり、株主総会に出席して進行を混乱させたり、それを脅しの道具として金品を要求してくる者だ。金品を受け取り、逆に他の株主の意見を抑えて議事進行に協力することも行う。

取り締まり強化などで、総会屋の数は減っているが、不正な方法で会社から金品を得ようとする勢力は健在だ。コンプライアンス（14ページ参照）が重視される時代、総会屋などにかかわったことが明らかになれば、会社の運営に与えるダメージははかりしれない。

第1章 会社は法律でできている

## 総会屋や暴力団に対応するときは

### 譲歩しない
全部、一部にかかわらず、相手の要求を受け入れてはならない。

● 面談は会社の応接室などで行う（相手の指定する場所へは行かない）。2人以上で対応する。
● 「検討します」「考えてみます」「申し訳ありません」などの言葉は禁句。
● 念書や謝罪文などに、決して署名や押印をしてはならない。

### 徹底的に排除する
弁護士や警察に相談して、法的手段も視野に対応する。

● しつこく面談などを要求してくる場合には、警告文を配達証明付内容証明郵便（110ページ参照）で送り、弁護士に面談強要禁止の仮処分（面談を強要することを裁判所が禁じる）の手続などをとってもらう。
● 総会屋が金品を要求した時点で、「利益供与要求罪」に問うことができる。

### 取締役が総会屋などに金品を与えてしまったら

取締役は、その全額を会社に返還しなければならない。

**そして**

金品のやりとりをした取締役と総会屋は、3年以下の懲役または300万円以下の罰金となる。

実体のない研究会への協賛金や、機関紙の定期購読などを求めるなど、手口はさまざまだ。

# 会社の状態は包み隠さずオープンに

情報公開（ディスクロージャー）

## 決算書は1年間の会社の成績表

株式会社は1年ごとに事業活動の結果（もうけ）をとりまとめて、株主に報告しなければならない。

＝

決算

1年とは＝会社が決算を行う1期間（事業年度）。通常1年間で、4月1日から3月31日が多い。

**損益計算書**
事業年度1年間の利益と損失を記載した書類。
●1年間にどれだけもうけたか、どれだけ損をしたかがわかる。

**貸借対照表**
事業年度末の会社の財産の状態を、資産と負債に分けて記載した書類。
●会社の財産がどれだけ増えたか、借金はどれだけあるかがわかる。

決算書（計算書類）をつくる

**株主資本等変動計算書**
株主が出資した資金の増減を記載した書類。

**個別注記表**
それぞれの書類の注意書きをまとめた書類。

すべての会社は年に1回、株主に対して、1年間の業績や財務内容を決算書にして情報公開（ディスクロージャー）することが義務づけられている。

また、株式を公開している上場会社は、投資家のために定められた情報を公開しなければならない。

情報公開は、社会に会社の正しい経営をアピールする手段としても、その重要性を増している。決算書以外の情報公開義務のない中小企業のなかにも、金融機関や取引先への信用力アップのため、コストに見合った範囲で、情報公開を行うところが出てきている。

42

## 情報公開で株主や投資家への責任を果たす

### 株主や債権者に向けた情報を公開する

- 決算書（貸借対照表、損益計算書、株主資本等変動計算書、個別注記表）。
- 事業報告（1年間の会社の事業概要）。

↓

- 定時株主総会の招集通知発送の際、これらの書類を同封する。
- 定時株主総会で承認されたら、官報や自社のホームページ、新聞などに公表する（決算公告）。
- 決算書は、株主や債権者がいつでも閲覧できるようにしておく。

さらに、金融商品取引法（16ページ参照）により

### 上場会社は、投資家が正しく判断できるための情報を公開しなければならない

- 「有価証券報告書」（決算書などの財務諸表に加え、事業の概況などが記されたもの）、会社の経営環境の変化を知らせる「四半期報告書」「臨時報告書」など。
- 会社の適正な体制づくりを知らせる「内部統制報告書」（16ページ参照）。

↓

これらは、「EDINET（エディネット）」という金融庁のホームページで見ることができる（http://info.edinet-fsa.go.jp/）。

---

第1章　会社は法律でできている

> わが社には隠すようなことは何もない。どんどん開示しようじゃないか。

カカカカ

# 他社を買い取ってパワーアップ

**M&A**

合併・買収などにより、他の会社や事業を自社のものとして競争力を高める手法をM&Aと呼ぶ。図のように、さまざまなタイプがある。

M&Aのメリットとして、新規事業を軌道に乗せるまでの時間がかからない、すでにある実績を手に入れられるため、利益が予測しやすい、規模が大きくなることで競争力を高められる、などがあげられる。

いずれも、会社にとって重要な変更であるため、株主総会の決議が必要になる。

## 事業の一部を買い取る
（事業譲渡）

A社が、必要な事業部のみをB社から買い取る。A社は新たな事業をすぐに始めることができ、B社は不要な事業部門を切り離せる。

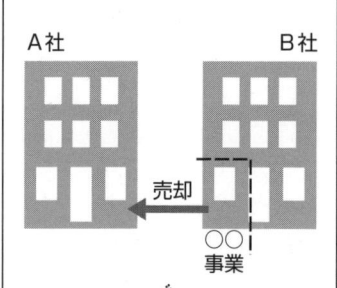

A社　　　　　B社
← 売却
〇〇事業

事業には商品やオフィス、工場、ブランド、ノウハウなどを含む。ただし、従業員の移転には従業員の承諾が必要。

## 相手会社の株式を自社の株式に交換する
（株式交換）

A社が、B社の株式すべてをA社の株式と交換して、B社を完全子会社にする。合併に比べて手続きが簡単。

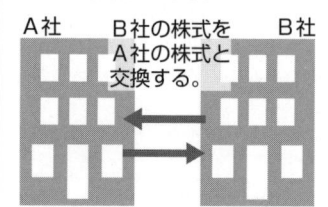

A社　　B社の株式を　　B社
　　　 A社の株式と
　　　 交換する。

### 持株会社*
（ホールディングス）

自らは直接の事業を行わず、100％の株式を保有する会社グループの中核として、経営を管理する会社。
個別の会社の利害にとらわれず、スピーディな経営判断が可能になる。

*一部事業も行う「事業持株会社」と、完全に経営管理に特化した「純粋持株会社」がある。

# 他の会社を、自分たちの会社のものとするには

## M&Aを行うには訳がある

**売り手側**
- 取引関係を広げたい。
- 売却利益を得て引退したい。
- 後継者がいないため、第三者に引き継ぎたい。

**買い手側**
- 商圏を拡大したい。
- 新規事業を行いたい。
- 競争力を高めたい。
- 会社グループの再編成をして無駄をなくしたい。

## 2つ以上の会社が1つになる（吸収合併）

A社が存続する場合、B社の株主にはA社の株が割り当てられる。B社の株主に現金を支払って、株主としない方法もある。

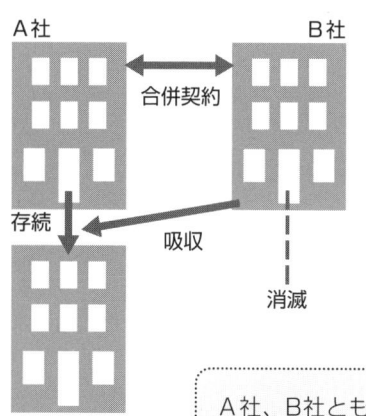

A社 ←合併契約→ B社
存続 ← 吸収 ← 消滅

B社の財産、債務、株式（B社株主にA社の株式を割り当て）など、すべてを引き継ぐ。

A社、B社とも消滅して、新たにC社をつくる「新設合併」もある。

## 相手の会社の株式を買い取る（買収）

A社が、B社の株式を買い取って経営権を持つ。中小会社の事業の引き継ぎによく用いられる。

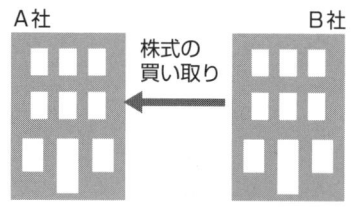

A社 ← 株式の買い取り ← B社

B社の事業はそのまま継続できる。

### 公開買付（TOB）
ある会社が投資家などから他の会社の株を買い集め、その経営権をにぎる方法。
事前に買収したい会社名、買付の期間や価格、買付予定の株数、買付の目的などを、新聞などに開示しなければならない。相手の経営陣が反対すれば「敵対的買収」となる。

# 不正な株取引には懲役もある…インサイダー取引

## 集中トピックス

### インサイダー取引となる範囲は広い

## 1 会社関係者や情報受領者が

**会社関係者**
会社内部の者ばかりでなく、取引先や元社員なども含む。

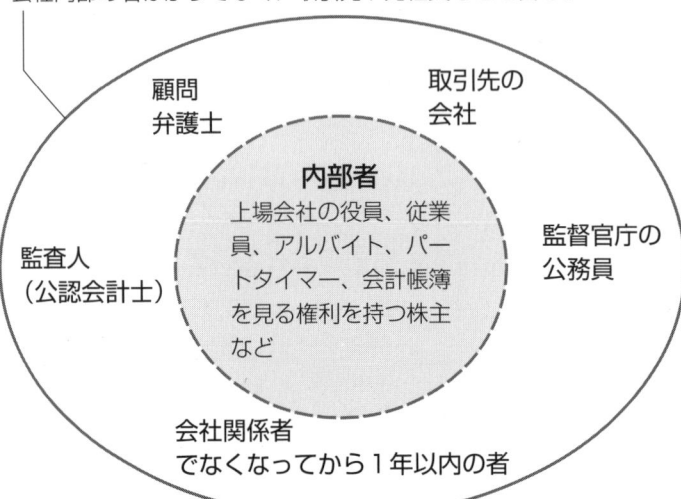

- 顧問弁護士
- 取引先の会社
- 監査人（公認会計士）
- 監督官庁の公務員

**内部者**
上場会社の役員、従業員、アルバイト、パートタイマー、会計帳簿を見る権利を持つ株主など

会社関係者でなくなってから1年以内の者

**情報受領者**
家族、友人など、会社関係者などから重要事実を知った者。
報道記者、証券アナリストなど、職務上重要事実を知った者とその会社の同僚など。

株価に影響する情報を知っていて、それが公表される前に株を売買すれば、確実に大きな利益が得られる。このような行為をインサイダー取引と呼ぶ。株式市場の信頼性を根本から揺るがす行為であるため、金融商品取引法により厳しく規制されている。

インサイダー取引となる範囲は広い。たとえば「情報受領者」には、たまたま食事に来た会社関係者の話を耳にした飲食店の店員も含まれる。

「インサイダー取引かどうか微妙」な取引は避けるのが無難だ。

46

第1章 会社は法律でできている

## 2 未公表の重要事実を知っていて

### 3 株式などを売買

**公表とは**
- 上場取引所の所定のホームページに掲載された。
- 2つ以上の報道機関に公開されてから12時間が経過した。
- 有価証券報告書などで、一般の人に確認できる状態になった。

▼

- こうした場合以外は未公表。自社のホームページに公開しただけでは「公表」とはいえない。

**重要事実とは**
合併、倒産、株式の募集、業務提携、決算の情報、会社不祥事など、投資家の判断に大きな影響を与えると思われる事実。

**インサイダー取引**
- 個人は500万円以下の罰金、懲役もある。法人は5億円以下の罰金。
- インサイダー取引で得た利益だけではなく、売却などで得た代金全額が没収。

この話がX社の取締役会などで決定済みなら、インサイダー取引に問われる可能性が高い。

「話してるX社の倒産話、本当なのか？ X社の株、持ってるぞ。今、売れば…」

47

会社は事業活動を行うなかで、
商品在庫、不動産などの財産や、
特許権、著作権などの権利を持つことになる。
こうした財産や権利は、管理・活用を徹底して、
さらなる利益へつなげていくことが重要だ。

第2章

# 法律で会社の財産・権利を100%生かす

## 会社の財産
# 法律知識が財産を生かす、守る

会社は事業活動を行うなかで、さまざまな財産を持つ。会社がどんな財産を持っているかをつかみ、財産を守るために、法的な措置を確実にとっておかなければならない（不動産の登記など）。また、財産を生かす（会社に利益をもたらす）ためには、やはり法律の知識と活用が必要だ（有価証券を扱う場合の金融商品取引法など）。

なお、会社の財産は、決算書（貸借対照表）では「固定資産」と「流動資産」に分けられる。また、建物や土地などの「不動産」、設備・機器や商品在庫などの「動産」に分けて考えることもある。

### 固定資産とは長く活用する財産

**不動産**
所有する土地や建物など。会社の財産で大きな部分を占める。不動産を担保（104ページ参照）として、金融機関から資金を借りることも多い。

> 権利を確実なものにするには、登記の知識が欠かせない（52～55ページ参照）。

**知的財産権**
特許権や著作権など、その会社が考えて生み出したもの。

> それぞれの権利の取得や管理には、ルールがある（56ページ参照）。

**機械設備、営業用の器具や備品、自動車など**
財産のうち、不動産以外の物（動産という）。

> 所有している物もあるが、リースを利用することも多い。区別した管理が必要。

⇐ **長期保有＋利用**（売却もできる）

## 流動資産とはお金に換えるための財産

### 預金
金融機関に預けた（寄託した）お金。金融機関はこのお金を運用し、返還を求められれば同額のお金を返す。

> 預金の返還は預金通帳、預金証書、印章によって行われる。厳重な管理が重要となる。

MONEY

### 代金債権（売掛金、貸付金）など
一定のお金を請求できる権利。債権自体を売るなどして、資金調達することもできる。

> 債権は確実に回収して、現金化しなければ意味はない（108～117ページ参照）。

MONEY

### 商品、製品、原材料
販売、加工する前の状態のもの。棚卸資産（たなおろしっしさん）ともいう。一括して、借入金の担保にすることもある。

> 不良在庫を抱えていないかなど、会社の財務状況をはかるものさしにもなる。

MONEY

### 有価証券
株式、債券、手形・小切手など。会社は銀行からの融資のほか、株式や社債を発行することで資金調達をはかる。

> 有価証券の取引は、「金融商品取引法」（16ページ参照）などでルールが定められている。

MONEY

第2章　法律で会社の財産・権利を100％生かす

# 不動産は登記に始まり、登記に終わる

## 不動産を取得するときは細部までチェック

手続は司法書士などに代行してもらうことが多いが、登記内容は、社内でもチェックしておきたい。すべて不動産業者に任せてしまうのは危険。

### 契約前には多方面から慎重に調査する

| 環境 | 権利関係 |
|---|---|
| 用途地域（場所により設けられている、建てられる建物や使用の制限。住居地域、商業地域など）、地歴（地盤など土地の歴史）。<br>→**市区町村役場などで確認。** | 登記事項証明書で確認する（抵当権、賃借権、差し押さえなど第三者の権利がないかなど）。<br>→**法務局で確認。** |
| **現地の様子** | **不動産業者の信頼性** |
| 登記の内容と一致しているか（土地の面積など）、土地・建物の使用状況に問題はないか、隣接する土地はどんな状況か、など。 | 仲介業者（宅建業者）を介する場合は、その信頼性のチェックが必要。<br>→**都道府県庁などの「宅地建物取引業者名簿」で確認。** |

不動産は、それぞれが個性的で同じものはなく、一般に高価である。取得を考えるときは、上図のような慎重な調査が必要だ。

最も重要なのが、登記記録の確認である。登記とは、一つひとつの土地や建物について、その内容や権利関係をまとめ、公にしたものだ。その土地や建物がどんな人の手を渡ってきたのか、現在どんな権利関係のもとにあるのかなどを知ることができる。

ただし、不動産の権利関係などは複雑であることが多い。司法書士など、専門家のチェックを受けておきたい。

第2章 法律で会社の財産・権利を100％生かす

建物・土地は、1つとして同じものはない。権利関係が複雑であることも多い。
① 現地を自分の目で見る
② 登記内容を確認する
この2つは、最低限必要だ。

**POINT**
**登記の最大の力は「対抗力」**
その土地の権利について紛争になった場合、登記していることが最大のよりどころとなる（対抗力という）。

**不動産を取得したらすぐに登記**
登記により権利が確定する。

**登記申請の手順**
土地・建物を管轄する登記所へ必要書類を提出→登記済証または登記識別情報記載の書面が交付される。

　不動産は重要な財産であるため、わずかな境界の違いが紛争となることも多い。紛争が長期化すると、売買や建物の建築に支障をきたす。
　取得前に測量を行い、境界を確認しておくのが望ましい。登記事項証明書と違うなど、問題が見つかったら、土地家屋調査士や弁護士など専門家に依頼して、登記内容を修正し、隣地の所有者と境界確認書を取り交わしておく。

★キーワード★
「境界」

集中トピックス

# 登記事項証明書で不動産の真の姿がわかる

登記内容の確認は、各地の法務局（登記所）で必要な土地・建物の「登記事項証明書」を発行してもらう（登記記録がデータ化されていない登記所では、登記簿の閲覧か、登記簿謄本・抄本の交付）。

登記事項証明書は、土地、建物それぞれについてつくられており、3つの区（表題部、甲区、乙区）に分けられている（図参照）。

特に注意したいのは乙区の抵当権（106ページ参照）だ。もし、抵当権がついたままの不動産を取得した場合、その不動産が競売などにかけられることがある。

## 登記事項証明書は3区分

### 表題部
物件の現況がわかる（表示登記）。
- 所在・地目（土地の場合。宅地、山林など）・面積、登記の日付を確認。

### 甲区
所有権についてわかる（所有権保存登記、所有権移転登記）。
- 取引相手が本当に所有者かどうか。
- 差し押さえの記載がないか。
  債務弁済などのために、裁判所がその不動産を処分できないようにしているということ。取得はできない。
- 買い戻し特約の記載がないか。
  以前の売り主が一定条件のもと、その不動産を買い戻せる約束。所有者が変わっても、その権利を行使される可能性がある。

### 乙区
所有権以外の権利についてわかる（抵当権設定登記、抵当権抹消登記など）。
- 所有権以外の第三者の権利が設定されていないか（何もなければ乙区はない）。
- 抵当権がある不動産の取得は、相手に抵当権を抹消させてから。

54

| 専有部分の家屋番号 | 55-14-1 | | | | |
|---|---|---|---|---|---|
| 【 表 題 部 】（一棟の建物の表示） | | | 調製 平成16年11月25日 | 所在図番号 | 余白 |
| 【所　在】 | 東京都渋谷区道玄坂○丁目○番地○ | | 余白 | | |
| 【①構　造】 | 【②床　面　積】㎡ | | 【原因及びその日付】 | 【登記の日付】 | |
| 鉄筋コンクリート造 | 198 22 | | 余白 | 余白 | |
| 余白 | 余白 | | 余白 | 昭和○年法務省令第○号○条第2項の規定により移記 平成○年○月○日 | |

| 【 表 題 部 】（専有部分の建物の表示） | | | | | |
|---|---|---|---|---|---|
| 【家屋番号】 | 道玄坂○丁目○番地○ | | 余白 | | |
| 【建物の名称】 | △△△ | | 余白 | | |
| 【①種　類】 | 【②構　造】 | 【③床　面　積】㎡ | 【原因及びその日付】 | 【登記の日付】 | |
| 居宅 | 鉄筋コンクリート造 | 198 22 | 昭和49年7月8日新築 | 余白 | |
| 余白 | 余白 | 余白 | 余白 | | |

東京都渋谷区道玄坂○丁目○-○　　　　　　　　　全部事項証明書　　（建物）

| 【 権 利 部 （ 甲 区 ） 】（所有権に関する事項） | | | | |
|---|---|---|---|---|
| 【順位番号】 | 【登記の目的】 | 【受付年月日・受付番号】 | 【原　　因】 | 【権利者その他の事項】 |
| 1 | 所有権移転 | 平成○年○月○日 第00000号 | 平成○年○月○日売買 | 所有者　渋谷区道玄坂○丁目○番○号 山　上　太　郎 順位○番の登記を移記 |
| | 余白 | 余白 | 余白 | 昭和○年法務省令第○号○条第2項の規定により移記 平成○年○月○日 |

| 【 権 利 部 （ 乙 区 ） 】（所有権以外の権利に関する事項） | | | | |
|---|---|---|---|---|
| 【順位番号】 | 【登記の目的】 | 【受付年月日・受付番号】 | 【原　　因】 | 【権利者その他の事項】 |
| 1 | 抵当権設定 | 平成○年○月○日 第00000号 | 平成○年○月○日 金銭消費貸借契約 同日設定 | 債権額　金○○○万円 利息　年○％ 損害金　年○％ 債務者　渋谷区道玄坂○丁目○番○号 山　上　太　郎 抵当権者　渋谷区渋谷△丁目△△ ○○○株式会社 |
| | 余白 | 余白 | 余白 | 昭和○年法務省令第○号○条第2項の規定により移記 平成○年○月○日 |

## 登記簿チェックは法務局（登記所）へ

その土地を管轄する法務局（登記所）は法務局ホームページ（http://houmukyoku.moj.go.jp/homu/static/）から調べることができる。「登記事項証明書」交付の手数料は1000円。

事前に登録しておけば、インターネットで登記情報を得ることもできる（インターネット登記情報提供サービス　http://www1.touki.or.jp/）。

## 知的財産権とは(無体財産権)

# 「ヒト・モノ・カネ」に並ぶ見えない財産

### 利益を生む、大切な「権利」を守る

#### 実用新案権
従来からあるものを利用して創作(考案)したもの(形状、構造、組み合わせなど)を、登録・独占使用できる。
[保護の手続] 必要。[期間] 出願から10年。
[権利の生かし方] 模倣品などには、差止請求や損害賠償を求めることができる。

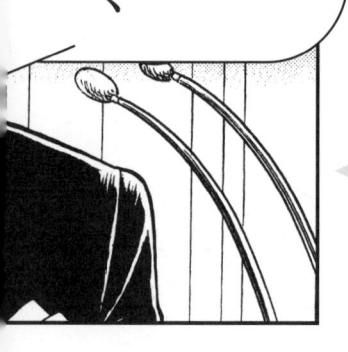

特許権の発明ほど高度である必要はない。

自ら権利を利用するばかりでなく

#### 特許権
「発明」を登録、独占して利用できる。
[保護の手続] 必要。
[期間] 原則として出願から20年。
[権利の生かし方] 独占的にその技術を利用して、商品等の差別化をはかれる。

知的な活動から生み出されたものは、考案者の財産として保護される。この権利を「知的財産権」という。形のない財産権であるため「無体財産権」とも。個人だけでなく、会社が研究開発により生み出したモノやサービス、営業上のブランドやトレードマーク、営業上のノウハウも含まれる。「ヒト(人材)・モノ(商品など)・カネ」に続く会社の第4の財産ともいわれる。

知的財産を勝手に使われることは、営業上大きな損失となる。自社の権利を獲得しておくことで、権利の侵害に対する法的な対処が可能になる。

第2章 法律で会社の財産・権利を100％生かす

**POINT**
特許権や意匠権などの出願中にまねをするものがいれば、警告を出しておき、登録後に損害賠償請求などを行う。

### 意匠権
考案した意匠（デザイン）を登録、独占使用できる。
[保護の手続] 必要。
[期間] 登録から20年。
[権利の生かし方] 似たデザインには差止請求や損害賠償を求めることができ、他社製品と差別化をはかれる。

> 権利を使いたい相手と、実施許諾契約（ライセンス契約）を結び、実施料（ロイヤリティ）を得ることもできます。

### 商標権（登録商標）
会社の商標（ブランド）を独占使用できる。会社の商品やサービスを他と区別するためのマークなど。
[保護の手続] 必要。
[期間] 登録から10年（何回でも更新できる）。
[権利の生かし方] 似たマークには差止請求や損害賠償を求めることができる。

### 著作権
文芸、学術、美術、音楽など、創作物に対する作者の権利が保護される。
[保護の手続] 不要。
[期間] 原則として、創作時からその死後50年。
[権利の生かし方] 著作物を使いたい他者に許諾を求めることができる。売却も可能。

### 営業秘密
自社のノウハウやマニュアル、顧客リストなど、事業活動上の秘密が保護される。
[保護の手続] 不要。
[権利の生かし方] 役員、従業員、社外者などによる不正使用に対して、差止請求や損害賠償を求めることができる。

# 特許権

## 発明は20年間独占できる

### 特許を受けられる発明には3つの条件がある

**1 ビジネスなどに利用できる（産業上利用可能性）**

その発明が産業（生産・商売・サービスなど）に利用でき、その発展に役立つ。

**2 新たにつくり出されたものである（新規性）**

国内、海外問わず、出願前に公開されていない。

**3 高度なものである（進歩性）**

同じ分野の一般的知識を持っていても、簡単には発明できない。

> ほんとにそんなことができるのか。
> ああ。
> 今すぐ特許をとっておけば、莫大な利益を生むぞ。

特許権とは、知的活動から生み出された発明を保護する権利だ。発明者は一定期間（原則20年）、その発明を独占して使える（その技術を製品に生かし、販売して利益を得るなど）。

特許権は影響力の強い権利であるため、特許庁の厳しい審査を受けて登録することが必要になる。

また、会社の従業員が仕事として研究・開発した発明の場合、「職務発明」として、会社はその発明を無償で使える。また、従業員に相応の対価（発明報奨金）を支払って、特許権を譲り受けるよう定めておくこともできるのだ。

## 特許権を得るには1～2年かかる

**POINT 先願主義**
複数の者が同じ特許を申請した場合は、先に出願した者に権利が与えられる（日本の場合）。

**出願**
● 特許庁長官に対して所定の書類を提出する。

● まず出願書類に不備がないかチェックを受け（方式審査）、次に特許の要件を満たすかどうかチェックされる（実体審査）。
● 特許が認められると「特許査定」、認められないと「拒絶査定」を受ける。
● 特許査定により、特許権が設定登録される。ケースによるが、出願から1～2年程度かかる。

**審査・登録**

特許権を侵害された場合、差止請求や損害賠償請求などを行うことができる。

**特許権発生**
● 原則として出願から20年、独占的にこの権利を利用できる（独占権）。

### 実例に学ぶ
### 社員の発明に対する正当な対価は？

ノーベル賞級の発明として話題になった日亜化学の青色発色ダイオードは、職務発明によって生み出された。発明者である中村修二氏には規定の報酬（2万円）が支払われたが、不服とした中村氏は、日本の技術者に対する発明報酬の低さに抗議する意味で訴訟を起こした。

約8億円の和解金で裁判は終了したが、この問題は会社の知的財産権に対する意識改革をもたらした。会社の支払う発明報奨金は大幅にアップしつつある。特に研究成果が大きい製薬企業には、最高5000万円の報奨金を出すところもある。

## 意匠権・商標権
# 権利を確保してコピー商品に対抗する

自動車や衣服といった製品のデザイン（意匠）を、20年間独占できる権利を意匠権という。カメラのレンズなど製品の一部でも取得できる。意匠権を取得していれば、類似したデザインを意匠権侵害として排除する権利が認められる。

商標権は、特定の商品やサービスを示すマークなど（商標）を独占的に使用できる権利だ。文字（「SONY」など）、図形（「ヤマト運輸」の図案化した黒猫など）のほか、「不二家」のペコちゃん人形のような立体も認められる。

いずれも、必要書類を特許庁に提出、審査後に取得する。

### 大量生産できることが意匠権の条件

大量生産できる（工業上利用性）。

公にされていない（新規性）。

既存のものから簡単につくれない（創作非容易性）。

ホイールなどの部品も対象となるる。

### 20年間自社デザインを守ることができる
- 類似商品が市場に出回った場合、差止請求など法的措置をとれる。
- 依頼されてつくったデザインを、発注元が勝手に使用・製品化するのを防げる。

**POINT　他社の権利もチェックしておく**
製品開発などでは、事前に他社の権利を侵害していないかチェックすることが重要だ。後の紛争を回避できる。

## 商標権は何度でも更新できる

### 「商標」は、自社の商品やサービスであることを示す

文字、図形、記号、色彩などの組み合わせであること。においや味、音は×。

> **POINT　博多人形も登録商標**
> 「博多人形」「関サバ」「松阪牛」など、地域名などと結びついて周知となっている名称は、登録により「地域団体商標」として保護される。

> 右がハッシバの商標、左が問題のロゴです。使用中止を求めていますが、返答はありません。法的な対応が必要です。

### 商標権をとっていれば、半永久的に権利が守られる

登録期間は10年だが、何度でも更新できる。ただし、国内で3年以上使われていない商標は、第三者に取り消しを求められることもある。

**セーフorアウト　コピー商品発見！どう対応する？**

中国など人件費が安い地域へ、日本企業の多くが生産の拠点を移した。しかし、知的財産権の意識が薄い国も多く、技術を悪用したコピー商品が数多く生まれている。

自社の特許権や意匠権、商標権を侵害する製品が輸入されていることが確認できたら、税関長に対し、輸入差し止めを申し立てることができる。

さらに、損害賠償など法的措置を含め、断固とした対応を行うことが必要だ。

こうした強い姿勢が、他のコピー業者に対する警告の役割も果たす。

# 著作権

## 著作権は創作された瞬間に発生する

著作権は、著作物が創作された時点で自動的にその権利が発生し、著作者の死後50年（原則）まで保護される。他の知的財産権とは違い、権利を得るための手続を必要としない。

著作物とは、①思想や感情を創作的に表現したもので、②文芸、学術、美術、音楽に属するもの、と定義されている。ただし、高度である必要はなく、たとえば趣味で描いた絵にも著作権は発生する。なお、会社の従業員が業務として著作物を創作した場合、「職務著作」として、会社が著作者となり、著作権を持つことになる。

著作者の権利は、図のように幅広く煩雑だ。自社にかかわる著作権を管理するとともに、著作物を利用する場合には、権利関係をよく確認しなければならない。

### 著作権はさらなる権利を生む

#### ●著作隣接権
著作物を利用する実演家、レコード制作者、放送事業者など、著作物を人々に伝える者の権利。
例・歌手が、ある作詞・作曲家のつくった歌を歌う場合、その録音や録画について、著作者とほぼ同じ権利を持つ。

#### ●二次的著作物
ある著作物を翻訳、翻案、脚色、ドラマ化、映画化、漫画化したもの。元の著作物とは別に著作権が発生する。ただし、翻訳や翻案などには、元の著作者の許諾が必要である。

### 権利の保護期間は原則、著作者の死後50年
（映画は公表後70年、職務著作権は公表後50年）

著作権が侵害された場合、差止請求や損害賠償を求めることができる。相手が故意に権利を侵害した場合には、刑事罰もある。

## 権利はすべてつくり出した本人にある

### ●著作権（著作財産権）

著作物に関する以下の行為は、すべて著作者の権利。第三者が以下のことを行う場合、著作者の許諾が必要となる。

**複製権**
（印刷、撮影、複写、録音、録画など）

**上演権・演奏権**

**上映権**
（映画などを上映する）

**公衆送信権**
（テレビ、ラジオ、インターネットなど）

### ●著作者人格権

著作物を公表するかどうか（公表権）、公表時に著作者名を表示するかどうか（氏名表示権）を決め、著作の内容の改変を受けない（同一性保持権）権利。

> 著作者人格権は誰にも譲られへん権利です。

**口述権**
（言語の著作物を公に朗読する）

**展示権**
（美術や写真の著作物を公に展示する）

**頒布権**
（映画を複製して複数の映画館で上映する）

**譲渡権**
（原作品または複製物を販売する。新刊書の販売など）

**貸与権**
（作品の複製を貸す。レンタルビデオなど）

**翻訳権・翻案権**

# 集中トピックス

# ホームページの法律問題Q&A

ホームページが、広報に効果的なことが知られるようになり、今ではほとんどの会社がホームページを開設している。ただし、安易に情報掲載すると、第三者の権利を侵害することになる。

代表的なものが、無断引用による著作権の侵害、写真などを無断で掲載した場合の肖像権の侵害、記事の内容による名誉毀損(きそん)だ。

他人の著作物を許可なく転用・複製すれば、著作権の侵害となり、損害賠償を請求される場合がある。訴訟になれば、懲役や罰金という刑事罰を受けることもある。

### Q1
自社でつくったホームページに著作権はありますか。

### A
あります。第三者が無断でそのページの画像や文章を使用した場合は、損害賠償請求ができます。逆に他のホームページなどからの無断引用は、その著作権を侵しているということになります。

### Q2
街の写真を掲載しようと思いますが、多くの人が写り込んでいます。許諾が必要でしょうか。

### A
風景写真に小さく写り込んでいる程度なら問題ありませんが、基本的に他人が写った写真は許諾を得たほうがよいでしょう(肖像権の侵害となる)。

### Q3
あるホームページでわが社の悪口がアップされていました。どう対処すればよいですか。

### A
中傷などは名誉毀損で訴えられます。なお、ブログなどで実名(会社名、個人名、店名など)を出す場合は慎重に。思わぬ損害を相手に与えることがあります。

第2章 法律で会社の財産・権利を100％生かす

その記事は私のブログと同じなんだ！勝手に使っていいと思っているのか！

しまった、チェック体制が甘かった…。

安易なコピー＆ペーストは、損害賠償ばかりか、その会社の信用問題に発展することもある。社内のモラル教育と二重三重のチェック体制が必要だ。

## Q4
ホームページのリンク先に許諾は必要ですか。

### A
原則としてリンクに許諾は不要です。ただし、リンク先が遵守規約などを設けている場合は、それに従わないとクレームを受ける場合があります。

## Q5
わが社のドメイン名（アドレス）とそっくりのドメイン名を見つけました。使用をやめさせられますか。

### A
有名企業などの名称に似たドメイン名の取得自体は違法ではありません。しかし、そのドメイン名を使用したホームページで物品の販売をするなど、誤解を生む可能性がある場合には、使用差し止めを請求できることもあります。

### 「炎上」とは
特定のブログなどに書き込みが集中すること。ホームページ閉鎖に追い込まれることも。会社の場合、なんらかの事件に対する不用意な発言・反論などから始まることが多い。インターネットは、常に不特定多数に向けた公のもの、という意識を持つこと。

営業秘密

# 秘密の書類にはマル秘と書く

**秘密だからこそ価値を持つ情報がある**

3つの要件を満たせば、営業秘密として不正競争防止法で保護される

営業秘密とは、会社が外へもらさないように管理している、生産・販売方法、データ、ノウハウ、リストなど。企業秘密ともいう。保護を受けるための登録などは必要ない。

### 1 秘密として管理されている
その情報の秘密を守るため、その会社が努力していることが明らかである。

### 2 事業活動に役立つものである
その情報を持つことで、他社より優位に立てる、一定の利益が確保できる、など。

### 3 公然と知られていない
刊行物に記載されているなど、世の中に公然と知られているものでない。

会社には、これまでの事業活動で培ってきた技術やノウハウ、顧客の情報などの財産がある。そのなかには、他社に伝わると営業上の損害をこうむるものもある。これらは、上図の条件を満たす場合、「営業秘密」として不正競争防止

第2章 法律で会社の財産・権利を100%生かす

> 例のリストは手に入ったか。

> ええ、簡単ですよ。社員なら誰でも手に入れられるんです。

上のケースでは、会社の情報管理にも問題がある。

**営業秘密を侵害されたら**
差止請求や損害賠償請求を行うことができる。

就業規則などにルールや罰則を明示する、秘密保持の誓約書をとっておく、など予防が大切。

**身近なところからもれる**

- 自社の役員
- 従業員
- 退職した従業員
- 出入りの取引先

など

法の保護を受けることができる。営業秘密がもれた場合、差止請求や損害賠償を求められるほか、刑事責任の追及もできる。

なお、営業秘密を守るには、まず社内のルールを厳格にしておく必要がある。就業規則（128ページ参照）などで情報漏洩（ろうえい）の罰則を明確にしておく。また、退職する従業員からは「退職後○年」など秘密保持期間を明確にした誓約書をとっておきたい。

67

今後とも
よろしく
お願いします。

ビジネスと法律のかかわりのなかでも
最も日常的に発生するのが「契約」である。
売り買いのときばかりではない。
オフィスを借りたり、社外に仕事を頼んだり、
さまざまな場面で契約はついてまわる。

第3章

# スキのない契約で利益を確実に

## 契約とは

# お互いを権利と義務で結びつける

契約は、当事者に権利や義務が定められた法的な「約束」である。

たとえば、コンビニで、ある人が買いたい商品をレジまで運び（申込）、店側が会計をして商品を客に渡す（承諾）、これも契約の1つだ。

物を売買する売買契約のほか、下図のようにさまざまなタイプが民法で規定されている（典型契約）。

しかし、ビジネスの契約には、これらに当てはまらない（法律に明確な規定がない）ものも多い。権利関係や条件などを、確実に記載した契約書を交わしておくことが重要となる。

### 契約にはさまざまな種類がある

● **売買契約**…物の売り買いをするときに結ばれる。

● **消費貸借 契約**…お金の貸し借りをするときに結ばれる。

● **労働契約（雇用契約）**…会社で雇う・雇われるときに結ばれる。

注・民法では、上記の3つに加え、贈与契約（物をあげる）、交換契約（物を交換する）、使用貸借契約（無償で借りる）、賃貸借契約（土地・建物などを借りる）、請負契約（82ページ参照）、委任契約（82ページ参照）、寄託契約（物を預かる）、組合契約（個人が出資して事業を行う）、終身定期金契約、和解契約を合わせて、「典型契約」という。

**民法の規定に当てはまらない、権利関係が複雑な契約もある**

[例]

**リース契約** 業務用の機器などの導入で、機器を借り受け、そのリース料を支払う契約。

**フランチャイズ契約** 本部（フランチャイザー）が、ある店舗（フランチャイジー・加盟店）に対して一定地域の独占販売権を与え、店舗が特約料を支払う契約。

## 当事者双方の意思が一致すれば成立

たとえば、売買契約は、一方が「買いたい」という意思表示をして（申込）、一方がそれを受け入れる（承諾）ことで成立する（合意）。

第3章 スキのない契約で利益を確実に

いったん合意した内容は、原則として取り消せない（例外は76ページ参照）。

契約内容が果たされない場合、法律により果たすことを強制できる。

口頭でも成立するが、契約書をつくるのが望ましい。契約書はトラブルを円滑に解決できるよう、法的にスキのない形式をとらなければならない（74ページ参照）。

**POINT 契約は自由である**
契約を結ぶかどうか、相手を誰にするか、どんな内容とするか、どんな方式で契約を結ぶかは原則として自由。ただし、公序良俗や弱者保護の観点から、一定の制限が設けられている。

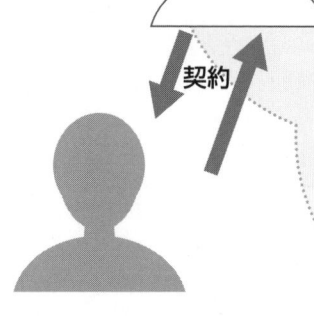

# 契約できる相手、できない相手を見分ける

取引の相手

## 単独では契約を結べない相手もいる

### 未成年者
満20歳未満の人。
●**法定代理人**
親権者（親など）。ただし、結婚していれば成年の扱いとなる。

### 成年被後見人（せいねんひこうけんにん）
精神の障害などにより、物事を認識・判断する能力が常に欠ける人。
●**法定代理人**
家庭裁判所に選ばれた成年後見人。

### 被保佐人（ひほさにん）
精神の障害などにより、物事を認識・判断する能力が著しく不十分な人。
●**法定代理人**
家庭裁判所に選ばれた保佐人。

### 被補助人
精神の障害などにより、物事を認識・判断する能力が不十分な人。
●**法定代理人**
本人と家庭裁判所に選ばれた補助人。

法定代理人の同意のない契約は取り消すことができる。

取引の相手 ⇄ 契約

　すべての人および法人は、契約を結ぶことができる。ただし、未成年者など、契約には代理人の同意などが必要な相手もいる（制限行為能力者という→上図参照）。

　制限行為能力者の代理人は、法律により定められている「法定代理人」である。

　また、制限行為能力者でなくても、本人に代わって代理人が契約を結ぶこともできる（契約による権利・義務は本人のものとなる）。この代理人を「任意代理人」という。ただし、任意代理人と契約するときは、必ず委任状の有無を確認する。

72

## 法人の場合、代表者が契約を結ぶ

第3章 スキのない契約で利益を確実に

**法人**（会社や財団法人など）

### 法人の代表者
法人の場合は、法人の代表者が契約を行う。株式会社なら取締役（代表取締役がいる場合は代表取締役）。
- 相手が代表者であるかどうかは、商業登記簿（101ページ参照）で確認できる。
- 実務上は、代理人が代表者の役職・氏名の入った印を押すことで契約成立とすることが多い。

### 代理人
- 代表者から代理権を与えられているか、特定事項の委任を受けている使用人なら、契約の当事者となれる。

契約

取引の相手

**セーフorアウト**

### ニセの代理人が結んだ契約はどうなる

本人から委任を受けていない者が、勝手に代理人として契約を結べば、その契約は無効だ。委任を受けていても、委任内容を超えるような契約は無効になる。ただし、契約後、本人が認めれば有効な契約として扱われる。

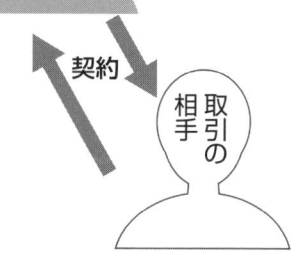

集中トピックス

# 契約書をつくるときの基本の基本

口約束でも契約は成立するが、おたがいの権利・義務の関係を明確にするため、契約書を交わすようにしたい。

契約書があれば、もし相手が契約内容を果たさず、裁判となった場合、証拠書類にもなる。

いつ、どのような契約が結ばれ、当事者間にどのような権利と義務が発生したかを明確にした契約書は、債権や債務を管理するうえで基本となる重要文書である。

契約書の体裁は特に決まっていないが、左図のポイントは必ず盛り込んでおこう。

## もれのない契約書作成のポイント（標準的な契約書の例）

### 印紙
一定の契約書などは「課税文書」として、印紙を貼ることで印紙税を納める。取引の内容や金額により税額は異なる。

### 標題
覚書、念書、協定書など、名称に決まりはないが、契約の種類がわかるものが望ましい。

### 前文
契約の当事者を、明らかにしておく。

### 本文
何をどれだけ（金額・数量）買うのか、売るのか、両者がいつまでにどのような権利を持ち、義務を果たすのか、特記事項などを、箇条書きで基本的内容から順序立てて明確に記す。

**POINT** その契約について、あらかじめトラブルになるかもしれないポイントがあれば、契約書にその場合の対応方法を盛り込んでおく。

### 末文
お互いが合意した旨、契約書の作成枚数などを明記して結ぶ。

### 作成年月日
文書を作成した日付。契約日と異なる場合は、両者の合意で日付を調整できる。

## 売買契約書

○×ホールディングス（以下甲という）と△△電子産業
（以下乙という）は以下の通り合意した。

第1条
　甲は、乙に対して、次の各号に定める………
　（1）…………
　（2）…………

第2条
　乙は、甲に対して、別途添付資料に規定された○○について………
　（1）………
　（2）………

～～～～～～～～～～～～～～～～～～～～～～

以上の通り契約したことを証するため、本契約書を二通作成し、
署名捺印のうえ、各自その一通を保有する。

平成○年10月30日

甲（売主）　東京都新宿区四谷○丁目○番○号
　　　　　　○×ホールディングス株式会社
　　　　　　代表取締役　上杉謙次　　㊞
乙（買主）　東京都港区南麻布△丁目△番△号
　　　　　　△△電子産業株式会社
　　　　　　代表取締役　武田信一　　㊞

### 契約書に準じる書類
**覚書**…契約当事者間の簡単な合意の書面。
**念書**…契約当事者の一方が、他方に約束内容を記載して渡す書面。
**発注書（注文書）**…これに相手からの注文請書があれば、契約成立と考えられる。

### 署名・押印
契約当事者の住所および氏名を書く。法人の場合、会社の所在地、商号、代表者の役職名、氏名を書く。併せて印を押す。ただし、署名、押印いずれかがあれば、法的に契約成立とみなされる場合もある。

## 契約が無効・取り消しとなる場合

# ウソや勘違いがあれば契約は取り消せる

契約の内容は原則自由だが、そもそも認められない契約もある。月の土地を売買するなど、現実には不可能と考えられる契約や、法律に反する契約、愛人契約や殺人依頼など、公序良俗に反する契約などだ。また、相手が酩酊状態など、判断能力に欠ける状態で契約をしても無効になる。

さらに、契約の「申込」「受諾」が当事者の真意と異なる場合、契約をなかったことにできる場合がある（左図参照）。

こうした内容の契約は、たとえ契約書があっても、その効力は認められない。

【 そもそもこんな契約は認められない 】

暴利の貸付
愛人契約
犯罪行為の依頼
　　　　　など

法律に違反している、世の中の倫理（公序良俗）に外れている契約。

契約が果たされなくても、
支払ったお金の返還や賠償を求めることはできない。

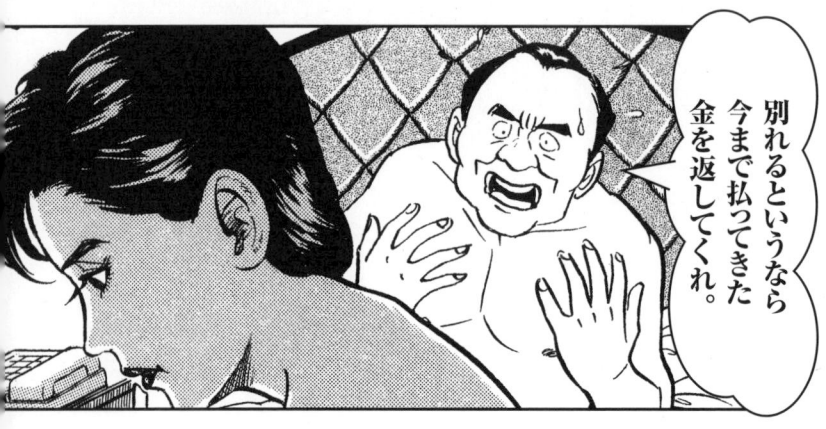

> 別れるというなら今まで払ってきた金を返してくれ。

76

## 契約を「なかったこと」にできる4つのケース

### 1 真意でないことを相手が知っていた（心裡留保）

一方の意思表示が本気（真意）でないことを相手が知っていたり、常識的に明らかである場合。

【例】
A社の代理人Bが、代金着服を目的にCと売買契約を結んだ。

➡ もし、CがBの意図を知っていた場合、A社は契約を無効にできる。

### 2 当事者によるでっちあげ（虚偽表示）

契約の当事者同士が通じ合って結んだニセの契約。

【例】
A社が債権者の差し押さえから逃れるため、Bと謀って所有している土地をBに売ったことにした。ところがその後Bがその土地を返さない。

➡ 虚偽の意思表示と証明されれば無効。ただし、Bが事情を知らないC社に土地を転売した場合、C社の権利は守られる。

**いったん合意しても契約は無効・取り消しにできる。**

### 3 勘違いをしていた（錯誤）

一方が間違って結んでしまった、意思とは異なる内容の契約。

【例】
100個のつもりで1000個の注文を出してしまった。

➡ 錯誤が証明できれば無効にできる。ただし、注文側の過失が大きい場合は無効にできない。

### 4 だまされた、おどされた（詐欺・強迫）

だまされたり、おどされたりして結んだ契約。

【例】
契約相手からの嘘のマイナス情報を信じて、安く土地を売ってしまった。

➡ 詐欺であれば取り消せる。ただし、事情を知らない人に転売された場合、その人に土地の返還は請求できない。

第3章 スキのない契約で利益を確実に

## 契約違反

# 契約が守られなければペナルティも

**不誠実な相手には毅然とした対処を**

契約が守られない！

約束と違うじゃないかっ！

相手が契約を守らなければ契約違反として、その内容に応じた契約の解除や損害賠償の請求を行うことができる。契約違反を「債務不履行（ふりこう）」という。

債務不履行は、法的には左図の3つのタイプがある。その他、契約書などで、個別に契約解除のケースを定めることもできる。

自然災害などが原因で債務不履行となった場合は、相手に責任がないため、損害賠償などを求めることはできない。債務不履行責任を問えるのは、相手が意図して、または不注意により、債務不履行となった場合である。

## 債務不履行の3タイプ

**契約の実行（履行）が遅れる**（履行遅滞）
[例]
A社が、契約の期日が来ても商品を納入しない。

→ 履行の催告（内容証明郵便を使う）をした後、契約解除する。

**損害賠償も請求できる。**

**実行されたが、契約と内容が違う**
（不完全履行）
[例]
A社から商品が納入されたが、一部品質に問題があった。

→ 完全な商品の納入を求める。

**損害賠償も請求できる。**

それでも実行されなければ**内容証明郵便による最終通告（催告）をした後、契約解除する。**

**損害賠償も請求できる。**

**完全な債務の履行に意味がない場合**
[例]
特定のイベントのための商品で、今から納入されても販売できない。

**契約が実行できなくなった**（履行不能）
[例]
住宅を購入したが、引き渡し前に相手の不注意で焼失してしまった。

→ 責任が相手にある場合には、すぐに契約解除する。

**損害賠償も請求できる。**

## 貸し借りの契約
# 返し方にはルールがある

**お金を借りる場合…消費貸借契約を結ぶ**

お金を貸す。

貸し主 ⇔ 消費貸借契約 ⇔ 借り主

通常、利息と元本の合計を毎月分割して返す。

●お金やモノなどを借りて、同種、同等、同質のものを返すことを約束する（借りたものそのものではない）。

高金利の借金で生活が破綻する人が後を絶たない。そのため、利息には年18％の上限がある。

＊元本10万円以上100万円未満の場合。

　お金や不動産の「貸し借り」も契約の1つだ。会社が金融機関や他社からお金を借りるときは「消費貸借契約」、オフィスなどを借りる場合は「賃貸借契約」を結ぶ。

　消費貸借契約では、借りたお金を一定期間後に返還することを約束する。返還するのは、一定の利息をつけた額である。

　賃貸借契約では、賃料を支払い、その建物や土地を使用する権利を得る。その他一時金として、敷金や保証金、更新料などが発生するが、これらは法律によるものではないため、当事者間の合意によって決められる。

## 不動産を借りる場合…賃貸借契約を結ぶ

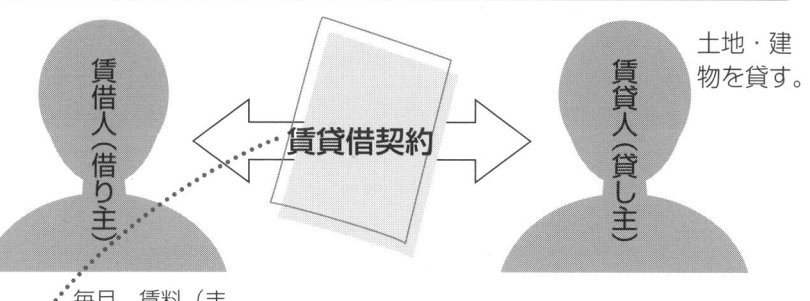

**賃借人（借り主）** ←賃貸借契約→ **賃貸人（貸し主）**

土地・建物を貸す。

毎月、賃料（または地代）を払い、期限が来たら返還する。

契約終了時の返還では、借り主は借りた当初の状態に戻す義務がある（原状回復義務）。

### 借り方によって権利は異なる

賃料を払い、建物やビルの一室などを借りる。 ▶ **借家権** 賃貸借期間は合意による。定期借家契約では更新ができない。

地代を払い、建物を所有するための土地を借りる。 ▶ **借地権** 賃貸借期間は30年以上。更新ができる。

**POINT** 事業のために土地を借りる場合*、更新できない「事業用定期借地権」なら、地代や権利金が安くなる場合も。期間は10年以上50年未満。　*居住用を除く。

> このビルは事業用定期借地権なのか。期限が来たら、更地にして返さなければならないんだな。

第3章 スキのない契約で利益を確実に

## 外部との請負契約・委任契約

# 下請けいじめは法律で禁じられている

### 請負と委任では報酬の支払い方が違う

**請負契約** ［例］プログラマーがソフトウェア制作を行う。

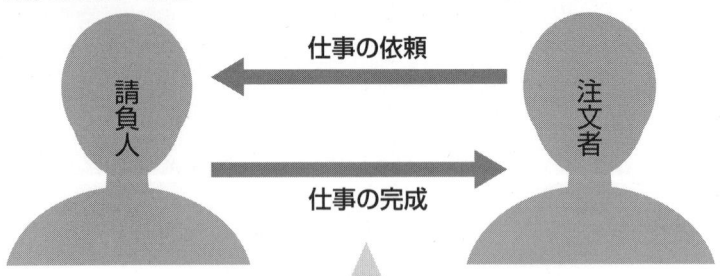

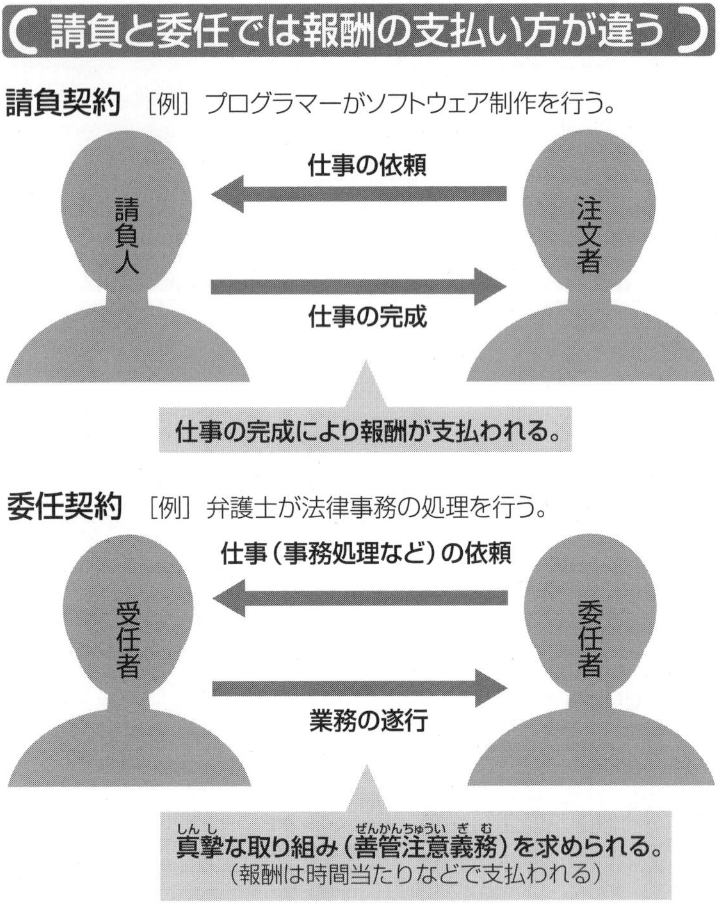

注文者 →（仕事の依頼）→ 請負人
請負人 →（仕事の完成）→ 注文者

仕事の完成により報酬が支払われる。

**委任契約** ［例］弁護士が法律事務の処理を行う。

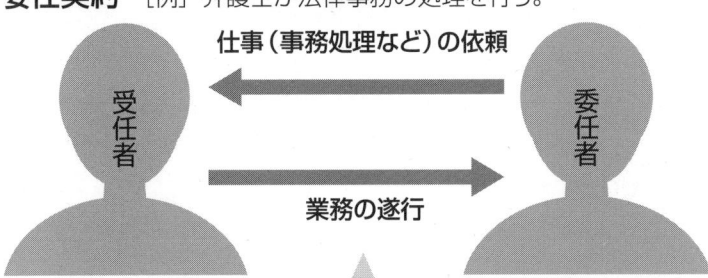

委任者 →（仕事（事務処理など）の依頼）→ 受任者
受任者 →（業務の遂行）→ 委任者

真摯な取り組み（善管注意義務）を求められる。
（報酬は時間当たりなどで支払われる）

会社の外部に仕事を発注するときも契約が生じる。代表的なものが請負契約と委任契約だ。

いずれも労働契約（126ページ参照）とは異なり、労働基準法が適用されず、休暇や割増賃金、最低賃金の保証などの義務がない。

これを悪用して、労働契約ではなく請負契約を結んで働かせるケースがある。これが偽装請負という犯罪だ。

また、一般にこれらの契約では発注側が強い力を持つ。そこで、下請法がつくられ、請負契約などによる下請業者の保護がはかられている。

## 強い立場の濫用は許されない（下請法による）

●親事業者\*は、契約・発注の際、給付の内容や期日を明記した書面を渡さなければならない。交付義務違反には50万円以下の罰金がある。
●下請代金の支払期日は、物品の受領やサービスの提供を受けたときから、60日以内としなければならない。

＊親事業者とは、自社より資本金が小さい会社に製造委託などを行う会社。

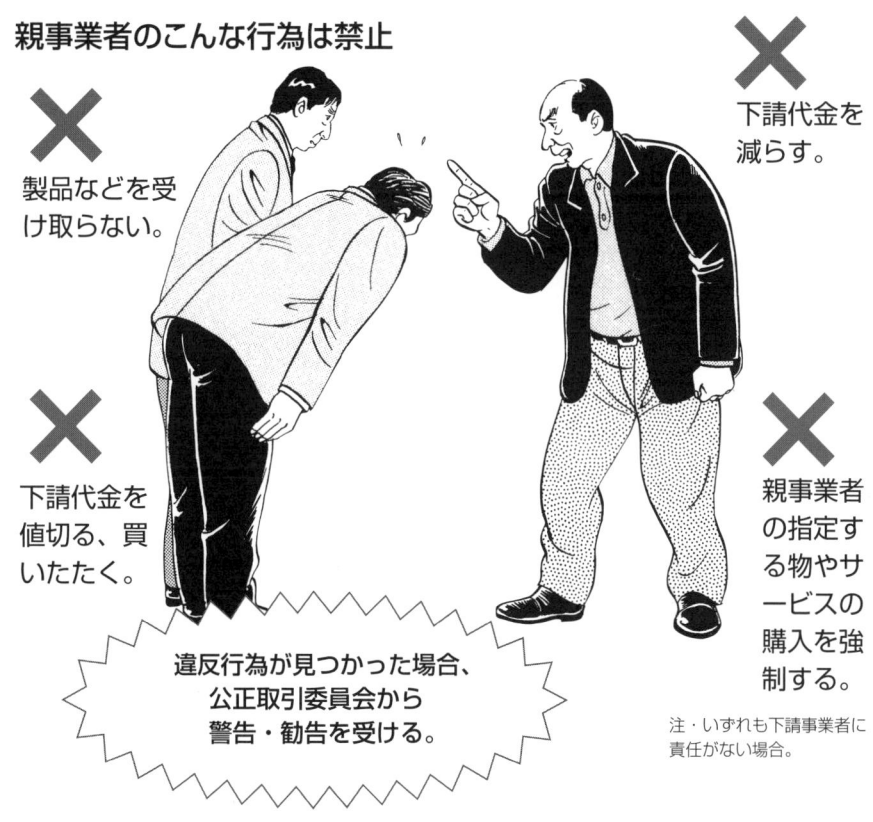

### 親事業者のこんな行為は禁止

× 製品などを受け取らない。

× 下請代金を減らす。

× 下請代金を値切る、買いたたく。

× 親事業者の指定する物やサービスの購入を強制する。

違反行為が見つかった場合、公正取引委員会から警告・勧告を受ける。

注・いずれも下請事業者に責任がない場合。

**下請法が適用される委託取引は次の3つ**
①物品の製造や修理、②情報成果物（プログラムなど）の作成、③運送、物品の倉庫保管、情報処理など。

**POINT**
請負、委任、業務委託など、契約の形は関係ない。

第3章 スキのない契約で利益を確実に

# 見えない相手との契約は慎重に行う

インターネットによる契約

## 電子商取引の基本ルールを確認しておこう

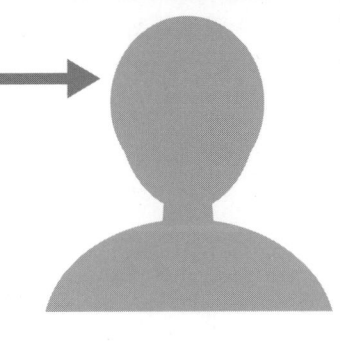

### 電子消費者契約法による契約成立の基本
会社と消費者が行う電子メールの契約では、申し込み（メール発信）に対する承諾・受注メールが到着した時点で契約が成立する。

### 電子メールならではの問題
①なんらかのトラブルで承諾・受注メールが到達しなかった。
②文字化けなどで、データの内容が解読不能になった。
③10個を100個としてしまったなど、入力を誤った。

**契約は成立しない、または取り消しできる**
会社と消費者との契約で、③による契約取り消しを避けるためには、送信前に内容の再確認画面を設けるとよい。

### 本人確認をどうするか
電子商取引では、なりすましなどで相手が本人であるか確定できない。

●電子署名
電子的な鍵でしか解読できない、暗号化されたメッセージを使ってやりとりする。

●年齢確認措置
相手が権利能力のない未成年者かどうかわからないため、契約画面の前に年齢確認画面を設けて、申告させる。

*1 正しくは「電子署名及び認証業務に関する法律」。
*2 正しくは「民間事業者等が行う書面の保存等における情報通信の技術の利用に関する法律」。

暗号化による電子署名(電子署名法)*1や契約書の電子保存も法的に認められました(e-文書法)*2。

ビジネスでより安全にインターネットなどの情報通信技術(IT)が利用できるようになってきています。

## 会社対会社の取引

●契約などに必要なやりとりを、会社間で結ばれたネットワークにより電子的に処理することが行われている(企業間情報交換=EDI)。
●通常のメールによる取引も一般化しているが、やりとりの迅速さにとらわれ、相手の信用などの見きわめが甘くなりがち。

インターネットで商品を売買したり、会社と会社の取引をメールで行うことが当たり前になってきている。

ただし、インターネットのやりとりでは、お互いが顔を合わせることがない。本人確認や信用性の問題が生じることになる。また、電子データによるやりとりのため、改竄されやすく、事故があれば一瞬で消えてしまうこともある。さらに、個人情報がもれる可能性もある。

「電子消費者契約法」*3など、こうした問題に対応する法体制が整いつつあるが、情報のセキュリティ対策や電子データの保存法などに、会社をあげて取り組んでおく必要がある。

*3 正しくは「電子消費者契約及び電子承諾通知に関する民法の特例に関する法律」。

## 国際取引 — どちらの国の法律に従うかが問題

**海外と契約を行うときの4つのポイント**

- 言葉が違う
- 文化が違う
- 法律が違う

「それはわれわれの国のルールとは違います!」

正確な意思の疎通が難しく、紛争になりやすい。

海外との取引・契約を行う場合、国によって習慣や文化、法律が大きく違う。国内と同じ考えではうまくいかない。

もし、紛争が生じれば、大きな労力と時間、費用の負担を覚悟しなければならない。トラブル発生への対処を、事前に検討しておくことが大切だ。

消費者の意識も国内とは異なる。たとえば、アメリカでは消費者の権利意識が高く、PL法により商品の欠陥を訴えられることは頻繁だ。請求される損害賠償額が莫大な額になることも多い。こうした法的リスクも見逃せない。

86

第3章 スキのない契約で利益を確実に

## 1 相手国の法律や文化を調べておく

できるだけ相手の国を知っておくことが欠かせない。

ただし、相手国の法律を社内でマスターするのは困難。現地の法律に詳しい弁護士など、信頼できる専門家を見つけることが必要だ。

## 2 交渉は長引くことを想定する

交渉が長くかかる場合に備え、交渉の議事録（ミニッツ・オブ・ミーティング）をつくったり、予備的な合意事項（レター・オブ・インテント）を交わすなど、交渉過程で合意した部分を、文書にしておく。

## 3 契約書がすべてと考える

海外では契約書が非常に重視される。契約後の修正や追加は難しいことが多い。契約時に細部まで見落としがないかよく検討する。

また、予測されるトラブルへの対応についても、すべて盛り込んでおく。

> 契約書は英語でつくられることが多い。

## 4 トラブルはどちらの国の法律で解決するか決めておく

契約内容や、紛争時の解決について、どちらの国の法律で解決するか（準拠法）、紛争時にどちらの国の裁判所に訴えるか（国際裁判管轄）を決めておく。

事前に決められていない場合、この選択に長い時間がかかることもある。

---

★キーワード★
「WTO（世界貿易機関）」

国際貿易が自由で円滑に行われるよう、国家間の取引ルールを扱う世界でただ1つの国際機関だ。本部はスイスのジュネーブにある。WTOに加盟している150を超える国や地域は、WTOの協定にしたがって国際取引を行っている。

会社間の国際的な紛争に、仲裁役として立つこともある。

# 正確な書類がトラブルを予防する

**ビジネス文書**

## 領収書は支払いの証拠になる

代金を受け取った（債務の弁済を受けた）ことを記載した文書。決まった形式はない。

### 正しい領収書の記載事項

- 宛名は正式名称を書く。「上様」は証拠として不十分。
- 3万円以上の領収書には収入印紙を貼り、消印（91ページ参照）する。
- 日付は必須。「平成●年」「200×年」と西暦か年号も入れる。
- 金額は後で改竄（かいざん）されないよう、頭に「¥」「金」、最後に「-」「也」を入れる。誤記を避けるため、3桁ごとにカンマを入れる。
- 但し書きとして、支払内容が入っているとよい。
- 発行者名は印刷やゴム印でよい。

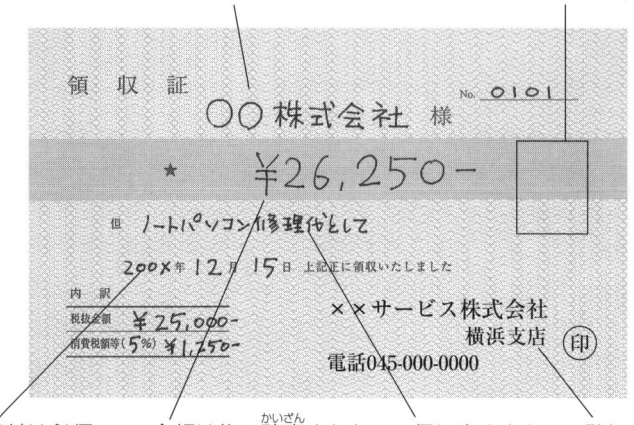

ビジネス文書とは、ビジネス上のやりとりで生じるさまざまな文書をいう。社内文書である稟議書（りんぎしょ）や議事録、社外文書である契約書や発注書、見積書のほか、領収書も重要なビジネス文書だ。法的トラブルを予防するためにも、ビジネス文書により証拠を残すことが重要だ。

文書の内容によって、それぞれ法律で保存期間が決められているものもある。電子文書法により、会計文書の一部や取締役会の議事録など、紙ではなく電子データとして保管することが認められているものもある。

88

## 白紙委任状は避ける

委任状は、本人（委任者）が、一定の事項について、ある者（代理人）に委任したことを示す文書。

**POINT**
委任事項や代理人氏名を空白にした「白紙委任状」は、後で大きなトラブルの原因ともなりかねない。

---

**委 任 状**

住所　神奈川県茅ヶ崎市△△
氏名　加藤正清

私は上記の者を代理人と定め、下記の権限について委任し、代理権を付与する。

記
一　別紙内容に関する公正証書の作成および受領に関する一切の権限
一　公正証書に強制執行許諾の文言を付す権限

平成○年11月30日

　　　　　　　　　　　東京都千代田区大手町○○
　　　　　　　　　　　　　　　　　○○株式会社
　　　　　　　　　　　代表取締役　徳川康男　印

---

## 稟議書から誰が何を決めたかわかる

稟議書は、ある事項の提案や報告について、社内（他部門、上司、役員など）で回覧、決定を行う文書。

**POINT**
なんらかの法的問題が生じた場合に、意思決定の過程や責任の所在を確認する証拠となる。

---

**稟 議 書**

平成○年12月1日　　決済日　年　月　日
起案番号　1141　　認可　保留　否決
起案者　管理課　高橋剛

コピー機の新規購入について

現在、管理課で使用しているコピー機は購入から7年が経過し、故障が頻発しております。そのために業務が停止することもしばしばです。新しいコピー機を購入したく、お伺いいたします。

記
①品名　カラーコピーN-○○
②メーカー　○○社
③数量　一台

---

第3章　スキのない契約で利益を確実に

# 集中トピックス

# 実印を押す場合、認印でよい場合…印鑑の知識

契約書に限らず、ビジネスの重要文書では、誰がその内容について意思表示したのか、誰がその文書を作成したかを明確にする必要がある。それは「署名」または「記名押印」によって行われる。

署名とは手書きによるサイン、記名押印とは、氏名はゴム印やワープロで印字して、そのそばに押印することだ。どちらの方法でもかまわない。ただし、日本では印鑑を重視する傾向があり、署名したときも押印するのが一般的だ。

また、「契印」「割印」といった印鑑の使い方もある（左図参照）。

## 会社の印鑑は場面で使い分ける

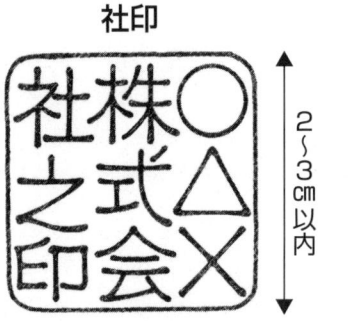

### 社印

2〜3cm以内

会社の認印。請求書や領収書などに使われる。「角印」といわれ、四角い形が一般的。

実印とは、個人は市区町村役場、会社は法務局に印鑑登録した1つかぎりの印鑑だ。認印は印鑑登録していない印鑑。登記申請や公正証書作成では、本人確認のため、印鑑登録証明書が求められる。

### 代表者印

1〜3cm以内

会社の実印。契約書や不動産の登記申請など重要な文書に使われる。「丸印」といわれ、丸い形が一般的。

●その他、金融機関との取引に使われる「銀行印」がある。手形や小切手の振り出しなどで使われ、代表者印と兼用される場合もある。

# 押印で文書のつながりや訂正を証明する

### 契印、割印
契印は文書が複数枚にわたる場合、文書が連続することを示すために押印する。割印は同じ文書を2通つくった場合に用いられる。

### 契印の例①
ページの境目に押印する。

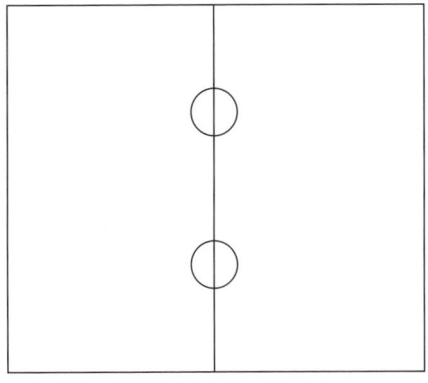

### 消印
文書に貼られた収入印紙が以後使われないよう、文書と印紙の境目に押印する。

### 訂正印
文書の訂正箇所などに、当事者全員が押印する。

### 捨印
訂正が生じたときのために、あらかじめ欄外に押しておく訂正印。その後、相手が自由に文書を変えることができる。捨印を押すのは避けたほうがよい。

### 割印の例
両方の文書にかかるように押す。

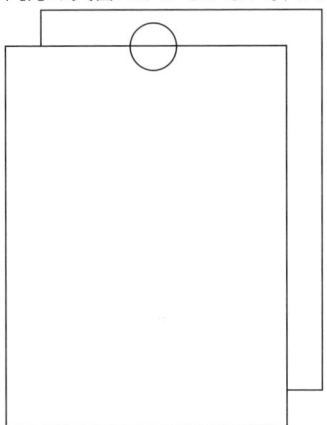

### 契印の例②

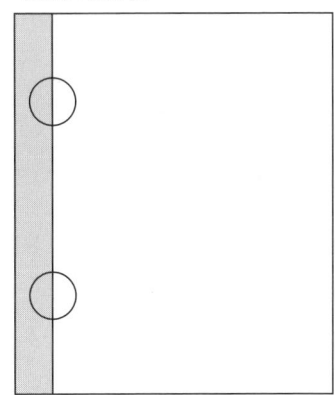

文書が製本テープなどでとめられているとき、テープと文書の境目に押印する。

# 手形には会社の信用がかかっている

## 手形

取引の決済の方法として、現在は銀行振り込みが増えているが、手形が使われることも多い。

手形とは、将来の特定の日、たとえば3か月後に、記載された金額を、手形をつくった人（振出人）が受取人に支払うことを約束する有価証券（財産の権利を示す用紙）だ。これを約束手形という。

支払期日に銀行で手形の支払いを拒否された場合（不渡り）、受取人は手形を出した人（振出人）に支払いを求めることになるが、不渡りの情報はすべての銀行に通知され、振出人の信用に大きな影響を及ぼすことになる。

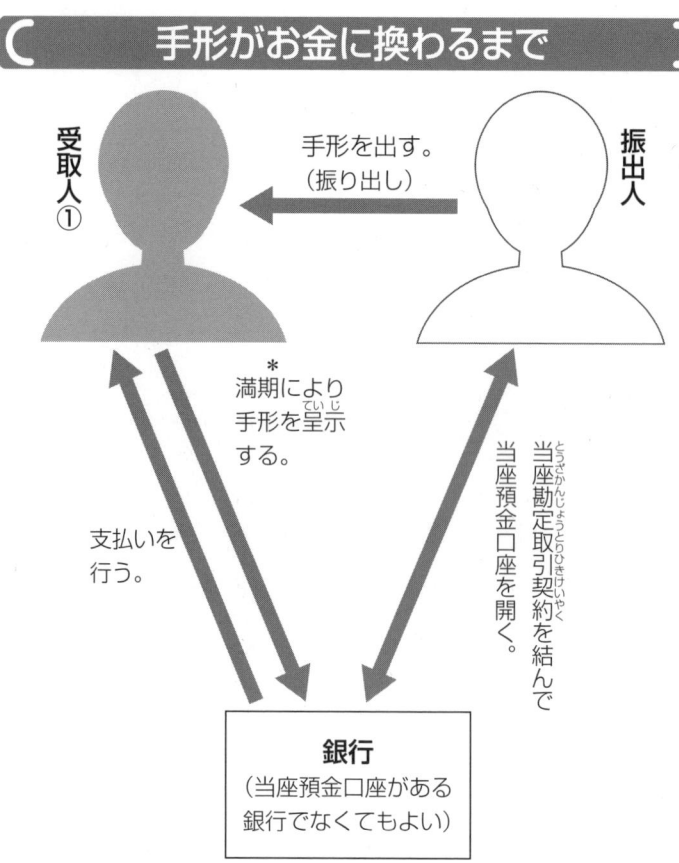

### 手形がお金に換わるまで

振出人 → 手形を出す。（振り出し） → 受取人①

振出人：当座勘定取引契約を結んで当座預金口座を開く。

受取人①：＊満期により手形を呈示する。

受取人① → 支払いを行う ← 銀行

銀行（当座預金口座がある銀行でなくてもよい）

＊満期前でも銀行で現金化できる（手形の割引）。

## 手形の利用は、双方にメリット・デメリットがある

### 出す側

**メリット**
支払いまでに日数があるため、資金繰りに余裕が持てる。

**デメリット**
不渡りになった場合、信用を大きく失う。

### 受ける側

**メリット**
確実な支払いが期待できる（出す側には不渡りのプレッシャーがかかるため）。

**デメリット**
換金などの手間がかかる。

## 不渡りになると信用が落ち、活動できなくなる

支払期日に銀行が支払いを拒否すること

**1回目の不渡り**
当座預金の残高不足により引き落としができないと、手形は不渡りになる。

→ 要注意会社とみなされ、信用が大きく落ちる。

**2回目の不渡り**
1回目の不渡りから6か月以内に、再度不渡りを出す。

→ 銀行取引停止処分を受ける。通知の日から2年間、当座勘定取引と貸し出しの取引ができなくなり、事実上営業活動ができなくなる。

不渡りはボクシングでいえばダウン。2度の不渡りで試合終了だ。

## 集中トピックス

# 手形を受け取ったら、表も裏もチェックする

## 手形に必要な9つの項目と危ないポイント

**危険！** 金額がその会社の年商などに比べて大きすぎる。

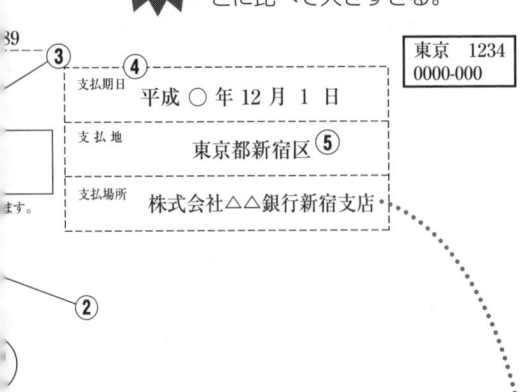

東京 1234
0000-000

③ 支払期日　平成○年12月1日
④ 支払地　東京都新宿区 ⑤
⑤ 支払場所　株式会社△△銀行新宿支店

②

④支払われる期日（満期日）。

**危険！** 期日が何度も訂正されている。

⑤支払いがされる地域（**支払地**）。市区町村まで記載。

⑥手形金を受け取る人の氏名、法人名（**受取人**）。

⑦手形を振り出した日（**振出日**）。

⑧手形が振り出された地域（**振出地**）。振出人の住所と併せて記載されることが多い。

⑨振出人の署名（または記名）押印。

**危険！** 社判や印鑑がぞんざいに押されている。

**危険！** 支払場所がその会社のメインバンクではない。

手形は通常、銀行発行の「統一手形用紙」が使われる。手形を受け取ったら、上図の項目が正しく記載されているか確認を。ただし、振出日などが欠けていても（白地手形）、手形の効力は認められる。手形は第三者に譲渡（売却）することもできる。手形の裏面に署名して譲渡する意思を明らかにして、相手に渡せばよい。これを「手形の裏書き」という。もし、最後の手形の持ち主が、銀行で手形の支払いを拒否された場合（不渡り）は、裏書人に対して、手形の金額を請求できる。

94

## 統一手形用紙の記載例

①これが約束手形であることを示す（**手形文句**）。

②満期日に記載金額が支払われることを示す（**支払文句**）。

③支払う金額。チェックライターで印字するのが一般的。金額の前に「¥」、後に「※」「★」を入れる（**手形金額**）。

No. ＿＿＿＿＿＿＿ ① **約　束　手　形**

⑥ 株式会社×× 殿

金額　**¥1,234,56**

上記金額をあなた又はあなたの指図人へこの約束手形と引き

⑦ 平成　○　年　10　月　1　日
⑧ 振出地　東京都千代田区神田××
　 住所　　○○○株式会社　　　　⑨
　 振出人　代表取締役　斉藤道夫

**原則として①〜⑨は、すべて記載が必要。**

第3章　スキのない契約で利益を確実に

## 手形は裏書きにより人手に渡る

**裏書き文句**

表記金額を下記被裏書人又はその指図人にお支払いください。
平成　○　年　10　月　1　日　　拒絶証書不要
住所　東京都中野区中野○-○○
　　　株式会社××
　　　代表取締役　徳川家矢
（目的）　　　　　　　　　　　　　　㊞

**手形を譲渡する人（裏書人）**

被裏書人　○○工業株式会社　　　　殿

表記金額を下記被裏書人又はその指図人にお支払いください。
平成　○　年　12　月　5　日　　拒絶証書不要
住所　東京都三鷹市下連雀○○-○
　　　○○工業株式会社
　　　代表取締役　坂本龍太
（目的）　　　　　　　　　　　　　　㊞

**譲渡する相手（被裏書人）**

被裏書人　株式会社××銀行三鷹支店　殿

表記金額を下記被裏書人又はその指図人にお支払いください。
平成　　年　　月　　日　　拒絶証書不要
住所

手形の裏の裏書き文句の下に、手形の持ち主が署名押印して、被裏書人の欄に譲渡する相手の名前を書く。以下、最初の受取人が次の裏書人となることで、譲渡を繰り返すことができる。

**POINT**
複数の裏書きがある場合、各裏書人、被裏書人がつながっていないと、銀行で支払いを受けられない。

# 小切手

## 銀行に持ち込めば、すぐにお金にできる

### 小切手は現金の代わりになる

現金は、金額が多くなるとかさばって持ち運びが不便。計算間違い、盗難、紛失のリスクも高い。

**小切手なら**
- 大きな金額の支払いでも小切手1枚で完了できる。
- 金額は直接書き込むので、計算間違いはない。
- 盗難、紛失の際は、振出人に依頼して「支払委託の取り消し」をしてもらえば、支払いを止めることができる。

↓

銀行の営業時間内なら、いつでも支払われる。
（振出日の翌日から10日間）

小切手は、銀行から交付された統一小切手用紙に金額を書き込むことで、現金の代わりとして支払いに使われる。手形は受取人が現金化するまでに日数が必要だが、小切手は、出された日（振出日）の翌日から現金にできる。ただし、換金は原則として振出日の翌日から10日以内である。

小切手が支払われるしくみは手形と同じだ（92ページ参照）。銀行に当座預金口座をつくり、その残高から小切手の支払いを行う。

もし、不渡りとなった場合、振出人は手形と同じ厳しい処分を受けることになる。

96

## 小切手には必ず記載が必要な事項がある

統一小切手用紙の記載例

```
銀行渡り   AA123456      ⑦ ①小　切　手          東京　1234
         支払地 東京都千代田区神田○-○-○           0000-000
              株式会社 △△銀行新宿支店

         金額  ￥1,234,567※  ②

         上記の金額をこの小切手と引き替えに ③
         持参人へお支払いください。
              拒絶証書不要
         ④平成　○年5月15日　東京都千代田区神田□-□□
                              □□株式会社
         ⑤振出地                                    ⑥
         　東京都千代田区  振出人 代表取締役 明智 秀児 ㊞
```

①**小切手文句**　小切手であることを示す。
②**小切手金額**　チェックライターで印字するのが一般的。金額の前に「￥」、後に「※」「★」を入れる。
③**支払委託文句**　支払いを銀行に委託したことを示す。
④**振出日**　小切手を振り出した日。
⑤**振出地**　小切手が振り出された地域。市区町村までが印刷されている。
⑥**振出人の署名（または記名）・押印**
⑦**支払地、支払人**　銀行であること。事前に印刷されている。

いずれか1つでも
記載がなければ小切手は無効。

**POINT　線引小切手なら盗難に備えられる**
線引小切手とは、用紙の角に2本の平行線が引かれ、中に「銀行渡り」「BANK」などと書かれた小切手。支払人（銀行）は、他の銀行か取引のある相手にのみ支払う。特定の銀行名が書かれた場合は、その銀行にのみ支払う。そのため、支払う相手を素性のわかっている人に限定できる。

第3章　スキのない契約で利益を確実に

# 第4章
## 債権管理・回収は常に一手先を読む

契約はその内容どおり実行され、

利益を手にできなければ意味がない。

もし、契約を守らない相手がいたら、

相手の状況に応じて、法に則った対処が必要になる。

## 信用調査
# 相手を知らずに契約してはいけない

**相手を知れば百戦危うからず**

どうぞごらんになってください。

経営者の考え方や理念も注意して聞いておこう。

### 取引相手のことをよく調べる

**①資料で確認する**
**定款**（26ページ参照）→基本的な事業内容。
**商業登記簿**→これまでの活動のようす。
**不動産登記簿**→持っている不動産や抵当権の設定状況。
その他、必要な所轄監督署の許認可をとっているか、など。

**②相手を直接訪ねる**
経営者の人柄は信用できるか、従業員に覇気があるか、雰囲気は悪くないか、など。

**③**取引の規模や重要度によっては、信用調査機関に過去の企業活動や資産・財務状況などの調査を依頼する。

取引するかどうか、取引の限度額をどうするか判断する。

**取引開始**

取引を始める前には、相手の信用調査が欠かせない。どんな会社（個人）なのか、どんな財務状況なのか、上図のような内容を調べておくのだ。信用調査をみて、問題がないと考えられる範囲で取引を行う。

資本金1円で株式会社がつくれる現在、株式会社だから大丈夫という判断は通用しない。

100

# 商業登記簿をチェックする

事業の開始・事業内容の変更は、法務局に届け出て商業登記される。各地の登記所やインターネットで、申請すれば手に入れることができる。

*「インターネット登記情報提供サービス」http://www1.touki.or.jp/

### 履歴事項全部証明書

東京都渋谷区道玄坂○丁目○番○号
株式会社△△△
会社法人番号0000-01-000000

| 商号 | 株式会社△△△ |
|---|---|
| 本店 | 東京都渋谷区道玄坂○丁目○番○号 |
| 公告をする方法 | 官報に掲載して行う。 |
| 会社成立の年月日 | 平成19年9月8日 |
| 目的 | 1. 家具の輸入、販売<br>2. インテリア用品の企画、製造、販売<br>3. 前各号に関する一切の業務 |
| 発行可能株式総数 | 1万株 |
| 発行済株式の総数並びに種類及び数 | 発行済株式の総数 2000株 |
| 資本金の額 | 金 100万円 |
| 株式の譲渡制限に関する規定 | 当会社の発行する株式はすべて譲渡制限株式とし、当会社の株式を譲渡するには、取締役の過半数の承認を得なければならない。 |
| 役員に関する事項 | 取締役 羽榮秀夫<br>神奈川県横浜市旭区○丁目○番○号<br>代表取締役 羽榮秀夫 |
| 登記記録に関する事項 | 設立　　　　　　　　　　　　　　平成19年9月8日登記 |

これは登記簿に記録されている閉鎖されていない事項の全部であることを証明した書面である。

平成19年9月20日
東京法務局 渋谷 出張所
登記官　　山本寛太　㊞

整理番号 ヘ000000　　＊下線のある事項は抹消事項であることを示す。

**商号（会社名）**
何度も変わっている場合、過去に不都合な事件を起こしている可能性もある。

**本店**
本店の所在地（事務所）が、ひんぱんに変わっていないか。

**目的**
その会社の事業目的を示す。今回の取引内容と関係がなさそうなら要注意。

**資本金**
減少している場合、業績悪化が考えられる。

**代表者、役員**
取引相手は代表者またはその代理権を持つ者か。役員が最近大きく変わっている場合、社内に紛争があった可能性がある。

**代表者の住所**
実際にその住所へ行くと誰も住んでいなかったり、登記事項証明書をとってみると、抵当権がついているなど、重要な情報が手に入ることも多い。

過去の変更箇所を調べる際は「履歴事項全部証明書」を交付してもらう。過去3年間の変更が記載されている。抹消、変更部分には下線が引かれている。

3年より前の情報を見たいときは「閉鎖事項全部証明書」を交付してもらう。

第4章　債権管理・回収は常に一手先を読む

## 債権管理の基本知識
# 契約が完了するまで油断は禁物

**契約から弁済（債権の消滅）まで、注意を…**

契約を結ぶと、当事者には「債権」「債務」の関係が始まる。

**POINT**
物品受領書、注文書、注文請書などの取引で生じた書類は、紛争時には証拠となる。

契 約

**POINT**
契約書を交わしておく。

### 契約書の2つの条項が、債権管理では重要になる
**①契約解除条項**
どういう場合に契約解除できるかを明記しておく。
**②期限の利益喪失条項**
①の条項により契約解除をする場合、期限内でも債権回収できることを明記しておく。

　たとえば、A社とB社が売買契約を結んだ場合、B社が納品して代金を受け取るまでには、通常、○日後、○か月後など、時間差が生じる。代金が支払われるまでは、B社は代金を支払ってもらう権利を持つ。これが「債権」だ。一方、A社は代金を支払う義務、「債務」を持つことになる。

　債権を契約のとおり確実に回収することは、事業活動の根幹にかかわる。そのためには、契約時に確認した相手の信用状況に変化がないか、定期的なチェックが必要だ。継続的に取引している相手でも油断してはならない。

102

第4章 債権管理・回収は常に一手先を読む

### 債務者には「期限までは支払わなくてよい」権利がある

契約で期限が決められれば、債務者はそれまでは弁済しなくてよい（「期限の利益」）。
ただし債権者は、契約違反や信用状態の悪化に備え、期限内でも回収できる手立てをとっておく（右ページ「期限の利益喪失条項」参照）。

信用状態の悪化が判明したら、新たに担保をつける（104ページ参照）など、確実に回収できる手を打っておく。

## 弁済
（契約の終了
債権の消滅）

### 弁済まで日常管理は欠かせない

信用調査は契約時に行ったら終わりではない。相手の状態は刻一刻と変化しているからだ。
- 債権残高、支払い状況は支払期日のたびに確認する。
- 収集した情報は、定期的に更新していく。

★キーワード★
「債権の時効」

債権は一定期間を経ると、時効により権利が失われる。商行為による債権の時効は、支払期日から原則5年\*だ。これを過ぎて、債務者が「支払わない」という意思表示をしたとき、債権は消滅する。

ただし、この5年の間に債権者が裁判で債権を請求すれば、時効は中断、そこからあらためて時効期間がスタートする（請求時点から5年）。

\*商品の売却代金や工事請負代金は2年と短い。

## 担保とは
# 足りない信用は担保でカバー

取引で債権回収を確実にするため、契約書に、支払いが滞った場合、相手の持つ財産などから弁済させる約束を盛り込むことがある。これが「担保」だ。人を担保とする（保証人など）場合と、物を担保にする（土地の抵当権など）場合がある。

その担保に債権と同等以上の価値があるかどうかが重要になる。1つの担保で不足なら、複数の担保をとることも検討する。担保のすぐれた点は、万一債務者が倒産した場合、他に債権者がいても、その担保から優先的に弁済を受けられることだ。

### 担保 その1
### 第三者が保証する（人的担保）

債務者

債務者が会社の場合、社長が連帯保証人になることが多い。

保証人

この人が「担保」となる。いざというとき支払能力があるかを調べておく。

債権 / 債務

債務が滞った場合、弁済を求める。

保証契約

**POINT**
**連帯保証人のほうが責任は重い**
連帯保証人は、請求されればすぐ支払うべき義務を持つ。通常の保証人の場合、債務を請求しても、先に債務者本人に請求するよう主張されることがある。

債権者

104

# 人が担保になるときと、物が担保になるときがある

> いいでしょう。ただし、担保をつけていただきますよ。もしものときは、他の債権者に優先して弁済していただきますからね。

第4章　債権管理・回収は常に一手先を読む

## 担保 その2
### 債権と同じ価値以上の物を担保にする（物的担保）

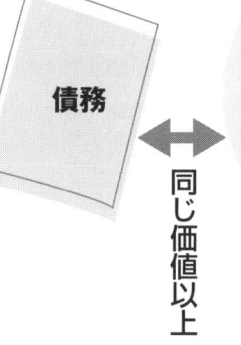

債務 ⇔ 同じ価値以上

**抵当権**
債務者が所有する土地や建物などを担保にする。債務が滞った場合、売るなどして優先的に弁済にあてる。

**質権**（しちけん）
債務者から担保（物など）を預かっておく。債務が滞った場合には、その物を売るなどして弁済にあてる。

**譲渡担保**
債務者から財産を譲り受けておき、債務が果たされれば返還、果たされなければ売るなどして弁済にあてる。

担保設定の前には、必ずその担保の価値を調べておく。また、担保を持っている間もその価値が変わっていないか、定期的にチェックする。

## 抵当権

# もしものときは抵当物件を売って回収

## 抵当権は、必ず「登記」をしておく

債権 → 債権者
債務 →

債権回収の安全をはかるために
抵当権の設定契約を結ぶ。

➡司法書士などに依頼して、すぐに管轄の法務局で登記手続をする。

### 抵当権にはメリットがある
①訴訟などによらず、債権回収できる（競売）。
②登記によって、権利を第三者に主張できる。
③抵当権から、優先的に債権を確保できる。

### POINT 抵当権の順位に注意
●抵当権は、先に登記手続をした順に登記簿に記載される。売却金は上位の抵当権者から順番に分配されるため、自社より上位の抵当権者が多いほど、十分な債権確保は難しくなる。
●抵当権だけで不足が見込まれるなら、他の担保を求める。

担保で最もポピュラーなものが建物や土地に対する「抵当権」。債権回収ができない場合、その不動産を売却して弁済を受ける権利だ。

抵当権の設定契約により権利を得られるが、抵当権の登記をしておかなければ、他の債権者に対して権利を主張できない。

設定登記の際、他に抵当権者がいないかどうかも要確認だ。

106

このホテルの抵当権の状況ですか。わかりました。抵当権の順位ももちろんですが、対象の土地や物件の価値も調べてみます。

債務者

抵当権設定後も、債務者はその建物、土地を使える。

第4章 債権管理・回収は常に一手先を読む

期日までに弁済されない場合

## 抵当権を実行する
## ＝
## 競売
（裁判所を通じて売却する）

売却代金から債権額を受け取る。抵当権者が複数いる場合は、順位に従って支払われる。

債務者が抵当物件から賃貸収入を得ていた場合、その賃料を代わって受け取る方法もある（物上代位）。

## 債権の回収（交渉による）①
# 取引先の危ないサインを見逃さない

### 様子を見ながら請求する

**督促（口頭で）**
電話や面談で行う。
日時や内容はメモにして残しておく。

（期日に支払われない。）

**請求書の送付**
納品などの完了後、支払い（債務の履行）を求める。金額（支払いの内容）、支払期日を明記。

### 理由のはっきりしない支払猶予の依頼、支払条件ダウンの依頼は黄信号

- ●訪問して会社の様子をチェック
  - ・経営者の様子におかしなところはないか。
  - ・重要な社員の退社、不審な人物の出入り、社内の規律の乱れなどはないか。
- ●商業登記簿、不動産登記簿などの変化をチェック

### 危ない兆候が見えたら

- ●継続して取引中なら、現在の取引をストップする。
- ●契約を解除して納品したものを返してもらう。
- ●お金の支払いが無理なら、他の物で支払ってもらう（112ページ参照）。

たとえば、製品を納めたのに契約どおりの支払いが行われなければ、支払いを求めていくことになる。上図のように、交渉を続けるとともに、相手の様子や状況を調べることが必要となる。

支払いについては、分割払いや支払猶予に応じることも検討する。この場合、新たな担保をとるなど、回収をより確実にする手立てを講じておきたい。

相手が債務を果たさないからといって、押しかけて、納品した商品を相手の同意なく引き上げたり、金品を持ち帰ることは犯罪である（自力救済の禁止）。

第4章 債権管理・回収は常に一手先を読む

## 入金の確認のお願い

前略
取り急ぎ用件のみ申し上げます。

平成○年×月×日、貴社に納品いたしました、
○○○○の代金500,000円につきまして、
×月×日以来、ご入金をお願いしてまいりましたが、
いまだにご入金いただいておりません。

今月30日までに、下記振込口座に入金の確認ができない場合、
やむを得ず、法的手段をとることもありますのでご了承ください。

早急に誠意あるご回答を賜りますよう、お願い申し上げます。

**督促（文書で）**
「入金の確認のお願い」など督促状を出す。それでもだめなら催告書（さいこくしょ）（最終通告）を出して法的手段へ。

それでも支払われない。

**POINT** 支払金額、支払期限、支払場所や支払方法を明記する。

## こんな回収のやり方は犯罪になる

今すぐ払えよ
コノヤロー

おどしたり、文書へのサインを強要する。
➡ 脅迫罪、強要罪

債務者につきまとう、監禁する。
➡ 逮捕監禁罪、業務妨害罪

勝手に、納めた商品を回収する。
➡ 住居侵入罪、窃盗罪

# 集中トピックス

## 「知らない」とは言わせない…内容証明郵便

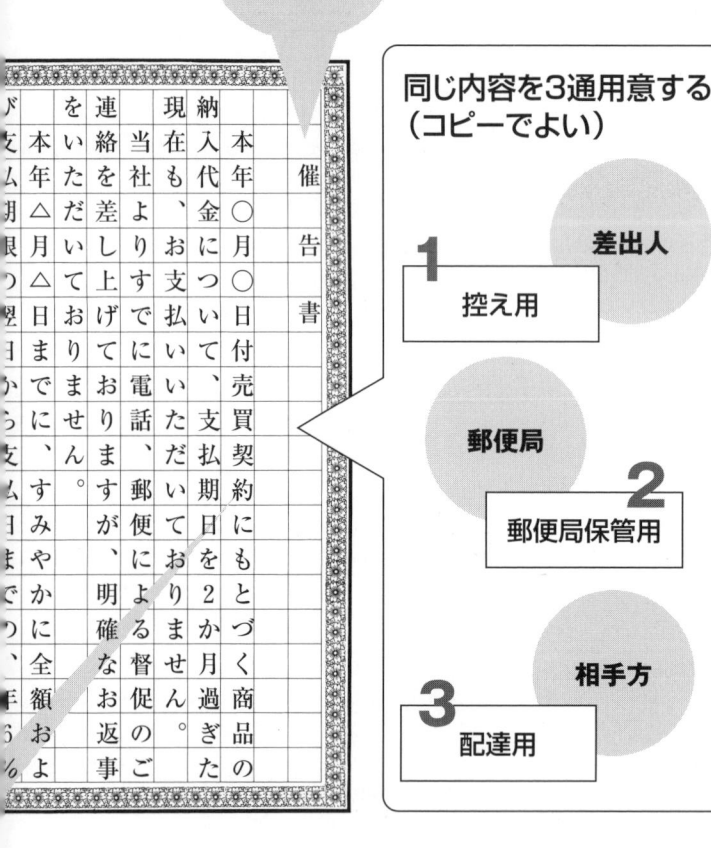

内容証明郵便は、いつ、誰から誰に、どんな内容を発信したか郵便局（郵便事業株式会社）が証明するもの。ビジネスでは契約解除の通知や支払いの催促などで使う。

たとえば、支払いをしなければ法的措置をとることを通知する「催告書」は内容証明郵便にしておけば、紛争時に支払いを求めた証明となる。法的対応も辞さない強い姿勢を相手に示すことにもなる。

ただし、内容証明郵便だけでは相手に届いたことを証明できないため「配達証明」をつけることが必須となる。

### 同じ内容を3通用意する（コピーでよい）

1. 控え用 — 差出人
2. 郵便局保管用 — 郵便局
3. 配達用 — 相手方

### 表題を入れる。

**催告書**

本年〇月〇日付売買契約にもとづく商品の納入代金について、支払期日を2か月過ぎた現在も、お支払いいただいておりません。

当社よりすでに電話、郵便による督促のご連絡をいたしておりますが、明確なお返事をいただいておりません。

本年△月△日までに全額お支……

110

## 書き方にはルールがある

**縦書きの場合**
1行20字×26行以内。
**横書きの場合**
1行26字×20行以内など。

用紙に決まりはないが、文具店などにある内容証明書用紙を使うとよい。手書きでもパソコンでもかまわない。

発送料金は、封書の基本料金（80円）＋一般書留の料金（420円）＋内容証明の加算料金（1枚420円・1枚増えるごとに200円プラス）＋配達証明（300円）。配達日指定や速達なども可能だ。

事前に登録しておけば、インターネットを通じて内容証明郵便を申し込むことができる。
●電子内容証明サービス
http://enaiyo.post.japanpost.jp/mpt/
弁護士や行政書士に、作成を依頼することもできる。

---

内容証明書用紙

東京都新宿区新宿○丁目○番○号
金賀無蔵殿

東京都千代田区神田三崎町○丁目○番○号
株式会社××
代表取締役 鈴木 兼生 印

平成○年12月10日

たなお、今回の期限までに法的措置をとらせていただく場所存です。ご了承ください。

の定のため、当社銀行口座までお振込みください。契約時

押印を忘れずに。

本文は簡潔に。感情的な言葉やここへ至る事情説明などは不要。

差出人、受取人、差出年月日を明記。

前文・後文は特に必要ない。

# 債権の回収（交渉による）②
## お金がなければ別の方法で回収する

### 3つの債権回収テクニック

**1** 代わりに他の物を受け取る（代物弁済）

**他の物**（商品在庫や不動産、家財道具、乗用車など） ← 代わりに ← **債権**（お金）

### POINT
- 取引の際に、担保の代わりに代物弁済を予約（債務が滞った場合、代物弁済する約束）する方法もある。
- 土地による代物弁済は、抵当権より有利なこともある（競売などの手続が不要であるため）。
- 代物弁済にあてた物の実際の価格は問われない（100万円の債権額があって、代物返済を受けたものが50万円相当であることが後でわかっても、差額の請求はできない）。

債権回収について、債務者の協力が得られるなら、お金以外のもので回収する方法を探ることもできる（上図参照）。

また、お互いの持つ債務・債権どうしで相殺する方法がある。この方法なら相手の同意は不要だ。ただし、通知は必要である（後日のトラブルを避けるため、配達証明付内容証明郵便で）。

> ここにあるワインぜんぶ渡して、チャラにしょうと思ってるんですわ。

112

## 2 債務者の持つ債権を譲り受ける（債権譲渡）

**代わりに**

債務者Bが持つ **他者Cへの債権** ← **Aの持つBへの債 権（お金）**

Aは、債務者Bからこの債権を譲り受けたら、Cから直接回収してお金にする。

また、Aの持つ債権を、Bに対して債務を負うCに譲渡して、BとCが債権・債務を相殺する、という方法もある。

①本来の債権者であるBが、Cへの通知（配達証明付内容証明郵便）を行うか、②Cが債権譲渡に同意することが必要。

## 3 同額の債権・債務で帳消しにする（相殺）

**相殺する**

相手の持つこちらへの債権（お金） ⇄ **債 権（お金）**

お互いに債権・債務があり、それが同じ種類の債権（金銭など）であることが必要。

## 債権の回収（法的手段による）① 裁判所による解決方法は訴訟だけではない

**交渉が不調なら裁判所を活用する**

交渉を重ねても回収の見込みが立たない。

- 債務者が非協力的。
- 債務者にお金がない。
- 倒産・破産するかもしれない。
- 回収をより確実にしたい。

↓

**裁判所へ**

　法的手段による債権回収というと、訴訟をイメージするが、それはあくまでも最終手段。法的手段にもいろいろある（左ページ図参照）。裁判所を利用した回収手段をとると、相手に訴訟のプレッシャーがかかり、話し合いに応じてくるケースもある。

　また、いずれの方法をとっても、解決すれば裁判所から「債務名義」という強制執行（116ページ参照）できる権利を得られるのがメリットだ。

　訴訟を起こす際は、費用倒れにならないよう、相手の支払能力をよく調べておく。

第4章　債権管理・回収は常に一手先を読む

やむを得ない、断固として戦おう。どんな手法を使うか検討してくれ。

### 民事訴訟

- 原則として請求金額が140万円以下なら簡易裁判所、140万円超なら地方裁判所へ訴状を出す。「**確定判決**」により、強制執行ができる。

訴訟費用や弁護士費用、証拠をそろえるなどの労力がかかる。
**他の方法でどうしても回収できない場合の最終手段**でもある。

### 支払督促

- 債権者の申し立てにより、簡易裁判所が債務者に支払いを命じる。異議申し立てがなければ、「**仮執行宣言付きの支払督促**」を出してもらい、強制執行できる。

**債務者に訴訟で争う気がない場合に有効。**
ただし、債務者に異議申し立てされると、支払督促の効力はなくなる。

### 民事調停

- 簡易裁判所で双方が話し合い、まとまればその内容を「**調停調書**」とする。
- 調停調書にもとづき、強制執行もできる。

**話し合いの余地がある場合に行う。**
調停不成立なら民事訴訟へ。訴訟を起こす前に、最後のチャンスとして行うこともある。

### 即決和解

- 簡易裁判所に和解の申し立てを行い、双方の合意により「**和解調書**」をつくる。
- 和解調書にもとづき、強制執行もできる。

おおむね話し合いがついているが、**より確実に債権回収できる権利（強制執行→116ページ参照）を得たい場合に行う。**

---

請求金額60万円以下なら**少額訴訟**ができる。1回の審理で判決を得られるが、相手がその手続を拒否すれば、通常の訴訟へ移行する。

## 債権の回収（法的手段による）②
## まず資産を動かせないように

### 紛争解決まで財産を処分させない（保全処分）

**裁判所に申し立てて、相手の財産を凍結する**
①仮差押…金銭債権のための保全
②仮処分…金銭以外の債権のための保全
●事前に相手に知らせる必要はない。ただし、申立人は債権の2～3割程度の保証金を納めなければならない。

**POINT**
相手に弁済への強いプレッシャーをかけられる。ただし、銀行口座を仮差押した場合など、相手の信用や日常業務に影響して、倒産などに追い込んでしまうこともある。

　債権回収について争っている間に、財産が処分されては元も子もない。そこで、債権者が裁判所に申し立てて、決着がつくまで、債務者が勝手に財産を処分したり、他の債権者に弁済できないようにする。これを「保全処分」という。

　また、裁判所から確定判決などを得ても、相手が支払うとはかぎらない。そんなときは、債権者が裁判所に申し立てて、強制的に債務者から債権を取り立ててもらう。これを「強制執行」という。

　裁判所が債務者の財産を差し押さえ、競売などを行い、その代金を債権にあてる。

116

# 強制的に債権を取り立てる（強制執行）

裁判所に申し立てて、財産を差し押さえる
→競売などでお金に換える

> **POINT**
>
> ### 強制執行には「債務名義」が欠かせない
> 債務名義とは、強制執行を正当化するための法的文書。
>
> 債務名義となる文書
> ●裁判所の確定判決、仮執行宣言付きの支払督促、調停調書、和解調書（それぞれ115ページ参照）。
> ●強制執行認諾文言付きの公正証書（キーワード参照）。

★キーワード★
「公正証書」

　お金や土地・建物の賃貸借の契約などで、当事者どうし（または代理人）が公証人役場へ行き、公証人につくってもらう書類。強い法的効力がある。
　お金の支払いに関する公正証書に、債務者が強制執行を受け入れる一文（強制執行認諾文言）を入れると「債務名義」となる。これにより、裁判手続をせずに強制執行できる。
●強制執行認諾文言の例「債務者は本契約上の金銭債務を履行しないときは、ただちに強制執行に服する」など。

第4章　債権管理・回収は常に一手先を読む

## 会社の倒産
# 廃業か再生かを見きわめる

### 倒産のタイプを見分ける

**倒産、経営破綻とは**
債務超過による支払い不能、手形の不渡りによる銀行取引停止処分など。

さまざまな理由から会社は倒れることがある。問題は、これからどうするかだ。事業を続けるのか、このまま消滅するのか？

夜逃げ、放置

**任意整理**
裁判所を通さず、倒産会社の経営者や代理人が、弁護士を選び、債権者、債務者と話し合いをして解決する。多くの倒産では、この方法がとられている。

会社が事業活動を続けられなくなった状態を「倒産」「経営破綻」などという。倒産手続には、自ら債権者と話し合って債務を処理する場合もあれば、裁判所に申し立て、法的手続を行う場合もある。

債権者にとっては、その会社が再建をめざすのか、清算して消滅するのかがまず重要だ。

そのうえで、自社の債権回収の対応を考えなければならない。

## 法的整理

裁判所が監督して、倒産手続を行う。債権の分配などは公平に行われるが、任意整理に比べて手続は煩雑となり、費用や時間がかかる。

### 事業をやめる（清算型）

債務者の全財産をお金に換え、債権者の持つ債権額に応じて平等に分配する。

注・債務超過に陥った子会社を清算する場合などには、破産よりも簡単・迅速に手続できる「特別清算」という方法もある。

#### 破産手続

債務者または債権者の申し立てによる。

↓

裁判所が選ぶ破産管財人が、債務者の全財産をとりまとめる。

↓

債権者に分配する。

### 事業を続ける（再建型）

これまでの実績をもとに事業を続け、今後の利益から債務を弁済していく。会社更生と民事再生の2つがある。

株式会社（主に大企業）が対象。

#### 会社更生手続

債務者または債権者、株主の申し立てによる。

↓

裁判所が選ぶ管財人※により、事業の再生をはかる（元の経営者などは排除される）。

※倒産会社の財産を管理して、倒産手続を行う者。

#### 民事再生手続

原則として、債務者の申し立てによる。

↓

再生が難しいと判断されると、破産手続に移行する。

元の経営者などが、再生実務を行う。

注・民事再生手続は、個人が返済不能に陥るおそれがある場合も、裁判所に認められれば行うことができる（個人再生手続）。

# 倒産手続によって債権の扱いが変わる

取引先倒産の債権回収

## 管財人などに債権の内容を届け出る

**破産**
破産管財人により、残った財産の整理が行われ、債権額に応じて分配を受ける。

**会社更生**
更生計画の内容によって、債権の内容が変更される（分割払い、債権の減免など）。

**民事再生**
再建計画の内容によって、債権の内容が変更される（分割払い、債権の減免など）。

いずれも債権者集会（会社更生では「関係人集会」という）が開かれ、債権内容の確認や倒産手続について話し合い、決議が行われる。

**POINT**
倒産が法的手続（破産、民事再生など）に入ると、債務名義による強制執行も停止される。

**POINT**
担保をとっていれば、他の債権者に優先して弁済を受けられる。ただし、民事再生や会社更生では、担保権の行使が制限されることがある。

取引先が倒産して、売掛金などの債権が残っている場合、対応は倒産処理の手続により異なる（図表参照）。法的手続では、管財人などが債権を管理し、残った財産から公平に整理・分配する。任意整理では、話し合い次第で分配を多く受け取れる可能性がある。とはいえ、いずれの場合も倒産会社にはほとんど財産がなく、満足な債権回収は難しいことが多い。

回収の可能性を高めるためには、事前に経営者に債務の連帯保証人になってもらっておくか、抵当権（経営者の自宅など）などの担保をとっておく必要がある。

120

## 任意整理手続のハイライトは債権者集会

### 任意整理開始の通知を受け取る
（債権者集会開催のお知らせ）

**債権者集会に参加するか**
（任意整理の債権者集会への参加は自由）

- 事件屋[*]、整理屋、暴力団などが介入していないか、他の債権者が、抜け駆けして回収をはかっていないか（適正な手続が期待できなければ参加する意味はない）。
- 債権に見合う担保を持っているか（あれば、独自に回収したほうが有利）。

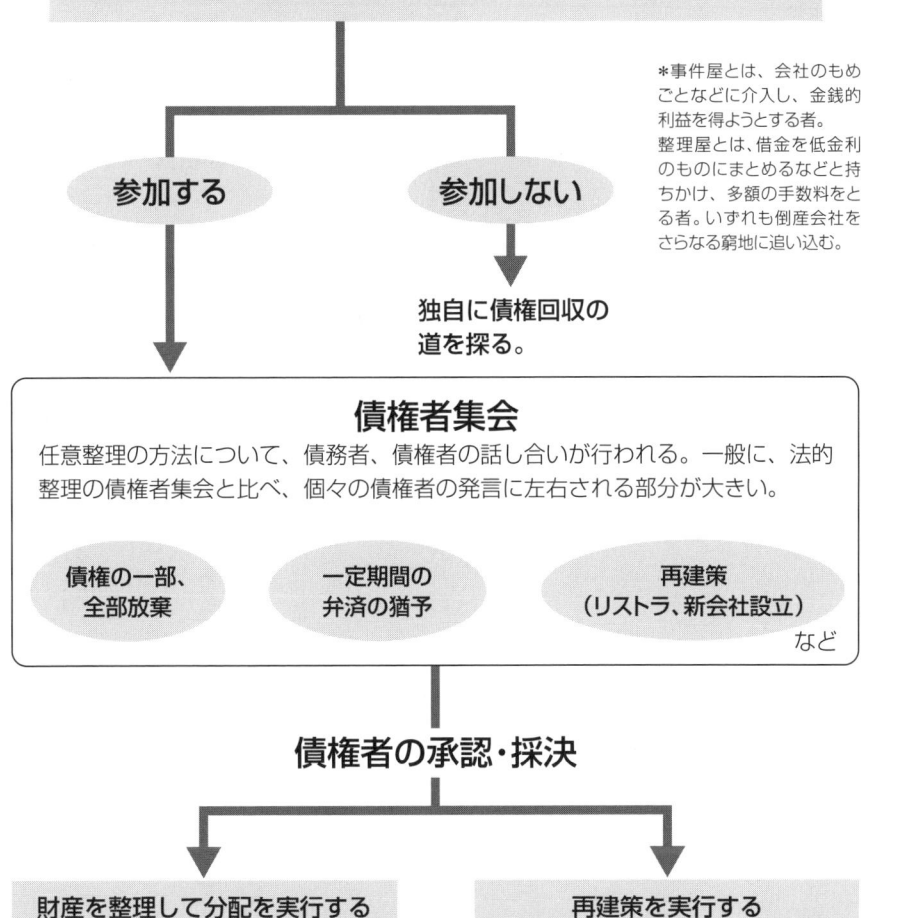

[*]事件屋とは、会社のもめごとなどに介入し、金銭的利益を得ようとする者。
整理屋とは、借金を低金利のものにまとめるなどと持ちかけ、多額の手数料をとる者。いずれも倒産会社をさらなる窮地に追い込む。

**参加する** / **参加しない**

参加しない → 独自に債権回収の道を探る。

### 債権者集会
任意整理の方法について、債務者、債権者の話し合いが行われる。一般に、法的整理の債権者集会と比べ、個々の債権者の発言に左右される部分が大きい。

- 債権の一部、全部放棄
- 一定期間の弁済の猶予
- 再建策（リストラ、新会社設立）

など

### 債権者の承認・採決

→ 財産を整理して分配を実行する
→ 再建策を実行する

第4章 債権管理・回収は常に一手先を読む

# 集中トピックス

# 借金は勝手に分割できない…債権・債務と相続

## 相続人と債権者の話し合いが必要になる

「これからどうしよう。」

### 誰に、どのように遺産分割されるか

債権者は相続の発生を知ったとき、早急に遺族に以下のことを確認し、話し合わなければならない。
①債務は誰に相続されるのか（あるいは放棄されるのか）。
②債務の弁済方法は変更されるのか。

ある人が亡くなると、その人の持つ財産や債務は、配偶者や子どもなど相続人に引き継がれる（相続）。

その故人（被相続人）と取引関係があり、売掛金など債権を持つ会社は、相続人は誰か、財産・債務はどのように分割されるのか、遺言書はあるのかなどの情報を早急につかまなければならない。

債権者は、残された金銭債務を法定相続割合（配偶者と子どもがいる場合、それぞれ1/2など）にしたがって、各相続人に請求できる。

なお、相続人には相続自体を放棄するなどの道もある（左図参照）。

122

## 遺言による遺産分割

遺産を譲る相手や分割方法は、遺言により、被相続人が一定の範囲内で自由に決められる。

**書式には厳格なルールがある。守られていないと無効になる。**
- 自筆証書遺言…全文自筆である（パソコンは×）、日付があり、押印されている、など。
- 公正証書遺言…公証人が公正証書の形で作成する。

## 協議による遺産分割

遺言がない場合は、相続人の話し合いによって遺産の分割方法が決められる。
- 相続人全員の合意が必要となる。

> 債務の分割は、相続人だけの協議では決められない。債権者の意思確認が必要になる。

### 遺産より債務のほうが多い場合、相続人は、次の3つから対応を選べる。

**単純承認**
財産も債務もそのまま相続する。一部でも相続財産を処分した場合は、無条件に単純承認となり、右の2つは選べない。

**限定承認**
相続する財産の範囲内にかぎり、債務も相続する。相続人全員が共同で行う。

**相続放棄**
相続に関する権利をすべて放棄する。相続人それぞれが単独で決められる。

> 相続を知ってから、3か月以内に家庭裁判所に申し立てることが必要となる。

第4章　債権管理・回収は常に一手先を読む

# 第5章

## 社内を制する者がビジネスを制す

雇う側と雇われる側、上司と部下、正規社員と非正規社員、会社での働き方にも、法律でルールが定められている。働く環境がきちんと整っていることがビジネス活動の根源の力である。

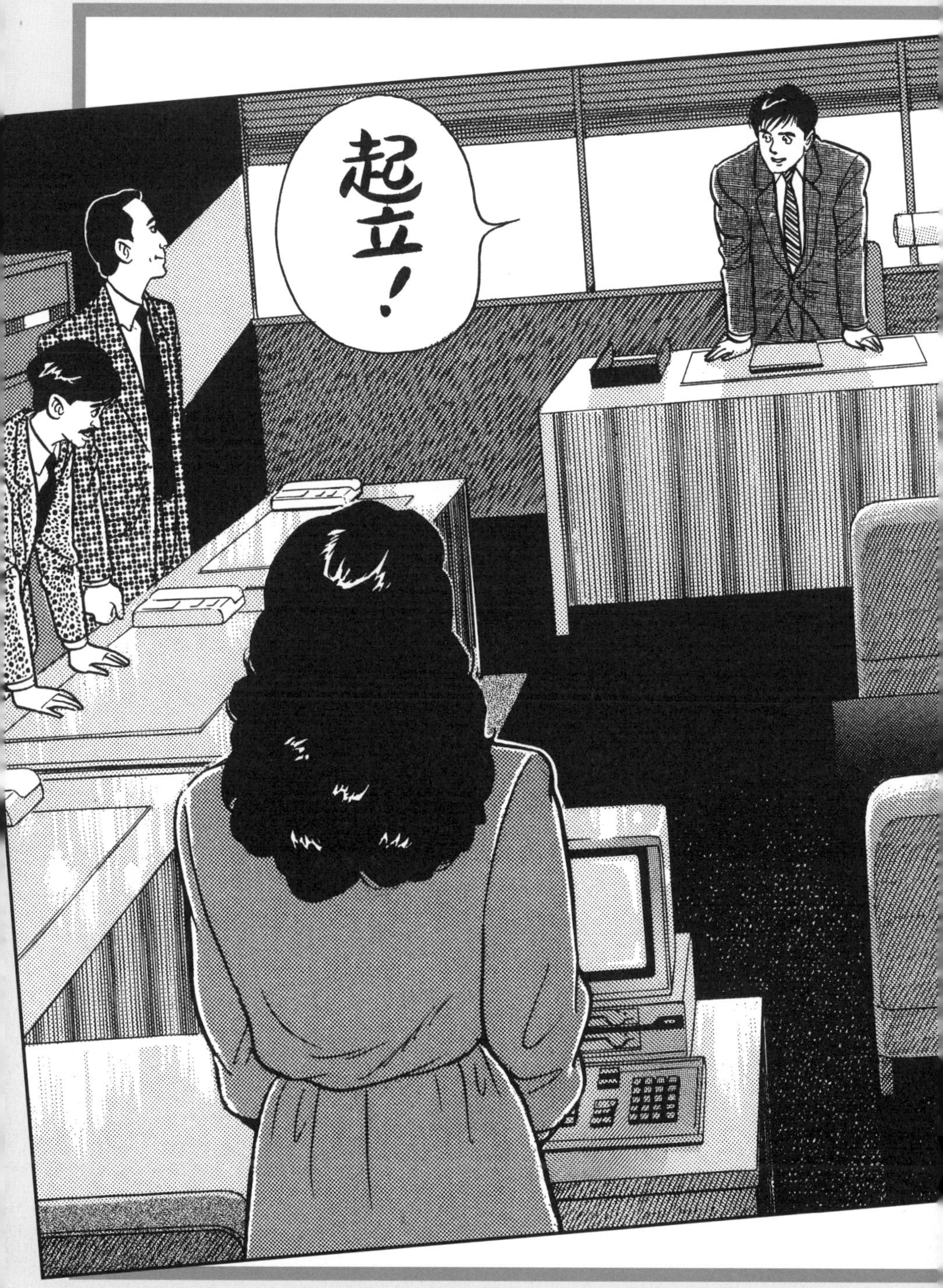
起立！

# 労働契約
## あなたは契約により働いている

### 労働条件は採用時に示される

① 労働契約の期間（期間の定めの有無）
② 就業する場所、従事する業務
③ 始業・終業時刻、所定労働時間を超える労働の有無、休憩時間・休日・休暇
④ 賃金の決定・計算・支払いの方法、締め日・支払日
⑤ 退職について（解雇事由含む）
⑥ 昇給について
⑦ 退職手当について
⑧ 臨時の賃金、賞与、最低賃金について
⑨ 労働者が負担する食費、作業用品について
⑩ 安全・衛生について
⑪ 職業訓練について
⑫ 災害補償、業務外の傷病扶助について
⑬ 表彰・制裁について
⑭ 休職について

①〜⑥は書面で明示しなければならない。

これらが具体的に記載された就業規則（128ページ参照）があれば、その明示、交付でもよい。

入社するとき、労働者と会社（使用者）は、労働契約を結ぶ。一方（労働者）が労働を提供し、一方（使用者）が賃金を支払う契約だ。アルバイトやパートタイマーも、労働者として同様に契約を結ぶ。

労働契約自体は口頭でも成立するが、使用者は労働条件を明らかにする必要がある。一般的には、上表の①〜⑥を書面で示し、それ以外は会社の就業規則を読ませるか、渡すことで行われる。

労働契約の内容は、両者の話し合いにより原則自由に決められるが、会社の就業規則のレベルに達しない内容は無効となる。

平成20年3月に施行された労働契約法では、
労働契約も契約書を交わすことが推奨されている。

> 何言ってるの。
> 一生懸命働くことを約束するんだから、相手の条件だって、確認しなきゃだめじゃない。

契約は労働契約書（または労働条件通知書）や
就業規則の交付など、または口頭でも成立する。

**労働者は**
誠実に労働し、使用者の命令に従い、会社の秩序を守る義務を持つ。

**会社は**
賃金を支払い、労働契約の労働条件を守り、労働者が安全に働ける環境を整える義務を持つ。

### セーフ or アウト
### 試用期間後の不採用は解雇になる

試用期間とは、採用に際し、会社が仕事の適性や能力を判断するために設けたものだ（通常3〜6か月程度）。試用期間終了後、本採用しない場合もあるが、法律的にはこれも解雇。合理的な理由が必要だ。試用期間の性格上、解雇理由の範囲は広いと考えられる。

たとえば、勤務成績の不良、業務の不適格性、仕事への姿勢の悪さ、協調性のなさなど、引き続き雇用するのが適当でない場合は、解雇が認められる。ただし、通常の解雇と同様、30日前の解雇予告か解雇予告手当が必要となる（146ページ参照）。

127

## 社内ルール
# 就業規則は皆が知らなければ意味がない

## 就業規則は会社のルールブック

### 労働時間や賃金は必ず書く

**①必ず記載する**
- 労働時間（始業・終業時間、休憩時間、休日や休暇など）
- 賃金（金額の計算や決定の方法、支払日、昇給など）
- 退職（解雇の事由など）

**②会社に定めがある場合、必ず記載する**
- 退職金、ボーナスなど臨時の賃金（金額の計算や決定の方法、支払時期など）
- その他、安全衛生、職業訓練、災害補償、懲戒（ちょうかい）など

**③記載するかどうかは会社次第**
- 社是（しゃぜ）・社訓、服務規律など

　その会社で働く者の労働条件や、守るべき服務規律をまとめたものが就業規則だ。労働契約で契約書を交わさない場合、就業規則の内容が労働条件となる。

　労働者が常時10人以上いる会社は、必ず作成して労働基準監督署に届け出る義務がある。

　就業規則の作成・変更は、会社（使用者）が行うが、労働者の不利益となる変更は、労使で話し合うことが望ましい。

　また、就業規則は、それぞれに渡したり、会社の誰でも見られる場所に掲示、備え付けるなど、周知することが必要だ。

＊極端に労働者に不利益な変更は無効となることもある。

# 日常業務にかかわるルールも書く

服務規律（日常業務のルール）は、通常、就業規則の一部として定める。
・職場内の政治活動の禁止、服装、髪型、喫煙のルールなど。
・職場で慣行となっているような事柄も、できるだけ服務規律に明文化しておく。

### 茶髪は禁止できるか

まずは服務規律などに定めが必要だ。そのうえで、本人になぜ茶髪がいけないのかを注意・説明する（服務規律に定めがあること、茶髪は業務上支障があること〈顧客に不快感を与える〉など）。

再三注意して改まらない場合は、懲戒処分にできる（これも就業規則に定めが必要）。

**記載例**
「清潔な服装を心がけ身だしなみに留意すること」
「他人に不快感を与える髪型や化粧をしないこと」

うちの就業規則を読んだことがあるのか。

就業規則？何ですか、それ。

これでは周知しているとはいえない。

次の定めに反する就業規則の内容は無効となる。

① 労働基準法をはじめとする労働法や、民法、憲法などの法令

② 労働組合と会社が結んだ労働協約

また、労働契約で個別に結んだ内容のうち、就業規則のレベルに達しない部分は無効となる。

# 賃金とは

## 給与やボーナスには「正しい支払い方」がある

労働に対する報酬として、使用者が労働者に支払う給与やボーナス、手当などを賃金という。

賃金の額は会社と労働者の話し合いにより、自由に決められる。ただし、地域や業種によって最低賃金が定められており、これを下回る賃金額は違法となる。また、給与計算の方法は、就業規則に記載しておかなければならない。

近年、成果主義や年棒制など、これまでとは発想の異なる賃金制度が採用されることも多い。しかし、どんな制度であれ、上図のような基本ルールは守られなければならない。

### 5原則を守って賃金を支払う

**1 お金で支払う**
賃金の一部を現物支給したり、支給した食事代を差し引くことはできない。小切手も、不渡りの可能性があるため×。

銀行振込は、次の3つの条件を満たすことが必要だ。
① 労働者の同意がある
② 労働者の指定する口座に振り込む
③ 支払日に引き出せる

**2 全額支払う**
今月分の残業代を翌月に回したり、半分だけ支払ったり、労働者が壊した備品の損害賠償金などを差し引くことは禁じられている。

**天引きできるものは決まっている**
所得税、社会保険料(健康保険料、厚生年金保険料、介護保険料)、雇用保険料などを差し引くことは認められている(法定控除)。
社内預金などの天引きは、労使の協定が必要。

130

## 4 毎月支払う
月2回、毎週払いなどはよい。年俸制でも月割りにして支払う。

## 3 本人に直接支払う
たとえば、労働者が未成年者だとしても、代理で受け取りに来た親に支払うことは禁じられている。

へえ、年俸制なら、まとめてもらえばいいじゃないか。

## 5 一定期日に支払う
25日が支払日なら毎月25日に支払う(休日のための繰り下げ繰り上げは可)。

「毎月第2週の木曜日」という定め方は、月により日が変わるため×。

法律で賃金は毎月払うことが決められてるんだ。

★キーワード★
「割増賃金」

法定労働時間(132ページ参照)を超えたり、法定休日(週1日)に労働者を働かせる場合、会社は原則として、通常の賃金に加えて割増賃金(残業代、休日出勤手当など)を支払う。なお、年俸制でも残業代は必要である。

時間外労働 **賃金の25％以上**
(深夜労働*なら、さらに25％以上プラス)

休日労働 **賃金の35％以上**
(深夜労働*なら、さらに25％以上プラス)

*午後10時～午前5時。

注・平成21年4月より、月60時間を超える時間外労働の割増賃金は、賃金の50％以上に引き上げられる予定(当初は大企業のみ)。

第5章 社内を制する者がビジネスを制す

# 労働時間のルールは会社によって違う

**労働時間**

## 労働時間の考え方は1つではない

### 1日8時間労働が基本

により、労働時間のしくみはさまざま

**みなし労働時間制**
労働時間の算定が難しいため、一律に一定の労働時間を働いたものとみなす。

⋮

営業マンの外回りなど。

**原則として残業時間は発生しない**

**変形労働時間制**
一定期間（1週間、1か月、1年）の労働時間を平均して、週40時間以内となる範囲で調整する。

⋮

時期や時間帯によって、忙しさに差がある業種。

**週40時間を超えると残業になる**

労働基準法により、労働時間は、1日8時間（休憩時間を除く）、週40時間を超えてはならない。休日は、週1回以上設けなければならない。ただし、労働環境の多様化にともない、さまざまな労働時間のタイプが生まれている（上図参照）。

時間外労働（残業）や休日出勤は、労使間で協定（36協定という）を結び、就業規則にその旨を記載すれば可能だ（割増賃金が必要→131ページ参照）。なお、「管理・監督者*」は労働基準法が適用されないため、管理職には残業代がつかないとする会社も多い。

＊人事や業務遂行について指揮権限を持ち、労働時間の管理を受けていない。賃金も相当の優遇措置がとられている者をいう。

「管理・監督者はつらいなあ…」

## 週40時間

### 働き方のタイプ

**フレックスタイム**
一定期間の総労働時間を決めて、その範囲内で始業・終業時間を自由に変えられる。

規模の大きい製造業など。

**決められた総労働時間を超えると残業になる**

**裁量労働制**
業務の性質上、労働時間などを労働者の裁量にゆだねる必要があるため、労働時間の長短にかかわらず、一定時間働いたものとみなす。

取材記者、システムエンジニア、デザイナー、ディレクターなど。

**原則として残業時間は発生しない**

注・いずれの労働時間制度も、実施には労使間の話し合いによる協定が必要。

### 実例に学ぶ　サービス残業はなくなるか

「サービス残業」とは時間外労働をしても割増賃金（残業代）が支払われないこと。過少に労働時間を申告させるのが典型だ。

サービス残業に関連して話題になったのが「名ばかり管理職」だ。

管理職として残業代をもらっていなかった日本マクドナルドの店長が訴訟を起こし「店長の勤務実態から見て、管理職（管理・監督者）とはいえない」という判決により、約750万円の残業代を勝ち取っている。

管理・監督者であれば残業の規定から外れるが、管理職すべてが管理・監督者とはいえない。

第5章　社内を制する者がビジネスを制す

## 休暇・休業
# 入社6か月で有給休暇の権利が

### 有給休暇は給与のある「お休み」

**年次有給休暇**
- 全労働日の80％以上の出勤が条件。
- 原則として、労働者がとりたいときにとれる。
- 翌年に休暇を繰り越して翌年分と合算できる。ただし、2年間で繰り越せなくなる。

**有給休暇は入社6か月から1年ごとに増えていく**

| 勤続年数 | 有給休暇日数 |
| --- | --- |
| 6か月 | 10日 |
| 1年6か月 | 11日 |
| 2年6か月 | 12日 |
| 3年6か月 | 14日 |
| 4年6か月 | 16日 |
| 5年6か月 | 18日 |
| 6年6か月以降 | 20日 |

注・平成22年4月より、5日分までの有給休暇は時間単位でとれるようになる予定。

入社

「休暇・休業」は本来労働するべき日に設けられる休日だ。法律で定められたもの（有給休暇、育児休業など）のほか、夏季休暇、慶弔休暇などがある。

有給休暇は、労働者が6か月間勤務すると、10日間取得する権利が生じる（全労働日の80％以上出勤している場合）。

会社は、労働者が請求するときに休暇を与えなければならない。その時期が「仕事の正常な運営を妨げる」場合、日を変えるよう求められるが、その者でなければならない、代わりの者が確保できないなど、特別な場合にかぎられる。

## 給与は保証されないが、必ず取得できる

### 介護休業
家族の介護のため、休業できる。対象家族1人につき、要介護状態になるごとに1回、通算93日まで。

**給与は支給されないか減額される場合がある。**
雇用保険により、減額分を一定限度まで補う「介護休業給付」がある。

### 育児休業
男女問わず、養育する子が原則1歳に達するまで休業することができる。

**給与は支給されないか減額される場合がある。**
雇用保険により、減額分を一定限度まで補う「育児休業給付」がある。

### 子の看護休暇
小学校就学前の子を養育する親は、1年に5日まで、子の病気、けがの看護のため休業できる。

**給与は支給されないか減額される場合がある。**

第5章 社内を制する者がビジネスを制す

### セーフorアウト
### 男の育休、これからどうなる

厚生労働省は育児休業取得率を「男性10％に」とかかげている。現在は1・56％である。*

夫の育児参加を歓迎する声は多く、会社によっては独自に数日でも育児休業できるしくみをつくっているところもある。しかし、男性が1年間育児のために会社を休むのは、収入減や代替要員の面から難しいと思われる。

えっ、おれが育休？
どうかな、きっと難しいよ。

*「平成19年度雇用均等基本調査」（厚生労働省）による。

## 配置転換・出向

# 転勤の命令には原則逆らえない

**配置転換には転勤と出向がある**

島君、君には熊本営業所へ行ってもらいたい。

えっ…？

> 会社は労働者の配置転換を行う人事権を持つ。

労働者が、会社内部で仕事の内容や場所を変わることを配置転換（配転）という。会社には労働者に配置転換を命じる権利（人事権）があるため、原則労働者は拒むことはできない。勤務場所の変更をともなう「転勤」のほか、他の会社へ異動する「出向」がある。

籍を元の会社に置いたまま他の会社で働く「在籍出向」では、労働関係が二重になるため複雑だ。たとえば、2つの会社の賃金体系が異なり、労働者に不利益な変更となる場合、労働者の同意がなければ認められない。出向元が差額を補填するケースも生じる。

136

## 働く場所が変わる「転勤」
勤務場所の変更をともなう配置転換。

**原則として、労働者の承諾は不要**

> 労働契約で、職種や勤務地が限定されている場合は、労働者の同意が必要。

## 働く会社が変わる「出向」

**在籍出向**
現在の会社に籍を置いたまま、他の会社へ移る。

**転籍出向**
現在の会社を辞めて出向先の会社へ移る。

**転籍出向では労働者の同意が必要になる**

> いずれも、就業規則や労働契約で、転勤や出向がある旨を規定しておく。

**POINT**
在籍出向では労働者の同意は不要だが、労働条件や復帰の時期などを詳細に決めておくことが、後のトラブル防止となる。

### セーフorアウト：転勤を拒めるケースはあるか

入社時に、労働契約で勤務場所や業務の内容を限定する合意がないかぎり、基本的に転勤を断ることは難しい。

訴訟となり、転勤命令が無効とされたケースを見ると、母が高齢で妻が精神疾患で通院中、さらに子どもが受験を控えていたなど、いくつもの事情が重なっている場合にかぎられている。「単身赴任で家族と離ればなれ」くらいは甘受すべきのようだ。

ただし、転勤の理由が上司の好き嫌いやいやがらせ、労働組合の弱体化を狙ったものであるなど、不当な目的によるものなら認められない。

*第5章 社内を制する者がビジネスを制す*

# 悪気はなくてもセクハラに

職場と男女の問題

## 【 セクハラになる可能性が高い職場の行為 】

●**性的な言動で職場の環境を不快にする（環境型セクハラ）**

性的な冗談や軽口を言う、スリーサイズを聞く

性別による差別的な言葉「男のくせに～」「女なんだから～」

「結婚しないのか」「子どもは産まないのか」と聞く

性的な写真（ヌードポスターなど）を職場に貼る

身体を眺め回す、身体にさわる

食事などにしつこく誘う

●**強い立場を利用して、性的な言動を行う（対価型セクハラ）**

性的関係の強要を断られたことへの報復人事

飲み会でお酌を強要する、カラオケでデュエットを強要する

など

> **本人にセクハラのつもりがなくても相手や周囲の者が不快に感じればアウト**

セクハラ（セクシャルハラスメント）というと、身体をさわったり、性的関係を強要したりということが思い浮かぶが、本人の意図によらず、相手が不快に感じればセクハラとなりうる。「この程度なら」「冗談だった」は通用しない。

男女雇用機会均等法では、セクハラ防止のため、会社に配慮する義務を定めている。職場でセクハラが発覚したときは、個人が損害賠償を求められるだけではなく、会社の管理責任も追及される。

セクハラ防止対策は、コンプライアンス経営（14ページ参照）のポイントの1つにもなっている。

138

## 免職（解雇）されることも

職場の立場を利用して性的関係を強要した ➡ **免職または停職**

性的な内容の電話やメールを繰り返した ➡ **停職または減給**

相手がいやがることを知りながら、性的な言動をした
➡ **減給または戒告（かいこく）**

強い立場の者のセクハラほど、処分は厳しい。

注・人事院「懲戒処分の指針」による処分例。

**さらに** ↓

相手に訴えられれば損害賠償の支払いも発生する（悪質な場合は、賠償額が1000万円を超えることも）。

会社や家庭内での地位が失墜（しっつい）する。

その場ではいやがっていないと思っても、後で同意がなかったとされるケースもある。訴えられた場合、同意があったことを立証するのは、非常に難しい。

## セーフ or アウト

### 男女の労働条件に差があってはならない

男女雇用機会均等法では、募集、採用や、賃金、配置、解雇、昇進などの労働条件、福利厚生などで、労働者を性別により差別することを禁じている。

たとえば、募集広告を出す場合、性別を指定した募集は原則として行えない。「ウエイトレス」「営業マン」といった言葉はNG、会社案内などを男性のみに送ることもいけない。

また、婚姻や妊娠、出産などを理由とした解雇や減給は許されない。会社が、妊娠中や産後1年以内の労働者の解雇を行う場合は、妊娠などが理由でないことを証明しなければならない。

# パワーハラスメント
## 熱い指導は職場いじめになる

### 過剰な叱責は暴力になる

**パワーハラスメントとは**
職場内での地位や権力を利用した、いやがらせ・いじめ。退職させるため、組織的に行われることもある。

**たとえば…**
過大なノルマを突然押しつける、残業を強要する。
ちょっとしたミスに怒鳴り散らす。
無視する、仕事を与えない。
飲み会への参加や飲酒を強要する。

> バカヤロー!!
> 子どもじゃないんだぞ！

**パワハラNGワード（例）**
「存在が目障りだ、消えてくれ」「おまえは給料泥棒か」「辞めてしまえ」「クビだ」「こんなこともできないのか、バカ」「人間のクズだな」

職場の上司など、地位や権力を持つ相手により行われる理不尽な命令や、言葉の暴力によるいじめを「パワーハラスメント」と呼ぶ。セクハラのように直接規制する法律はないが、数千万円の賠償を命じられたり、労災が認められたケースもある。

セクハラ同様、どこからがパワハラか、明確な線引きは難しい。上司は厳しく育てているつもりでも、部下の感じ方によってはパワハラになることもある。もちろん、その労働者を辞めさせるといった目的なら、いじめ、いやがらせであり、許されることではない。

140

## 損害賠償の対象となることもある

**上司によるいじめ、いやがらせ**
➡不法行為（他人の利益を侵害する行為）として、上司個人が損害賠償を請求される。
➡会社も使用者責任があるため、損害賠償を請求される。

**会社ぐるみのいじめなど**
➡不法行為として、会社が損害賠償を請求される。
➡債務不履行（契約違反）として、会社が損害賠償を請求される。
（会社には労働契約により、働きやすい環境に配慮する義務があり、それを果たしていない）

暴力をふるえば、傷害罪などの刑事事件になることもある。

もはや「愛のムチ」は通用しない

★キーワード★

「労働審判制度」

　セクハラにせよ、パワハラにせよ、訴訟には時間もお金もかかり、労使とも負担が重い。労働審判制度とは、労働者と会社の個別の争いにかぎり、地方裁判所で3回以内の審理でスピーディに解決をはかるもの。
　審判員に労務経験者がいるため、労使とも受け入れやすい解決方法を提案できる点もメリットだ。

第5章　社内を制する者がビジネスを制す

**集中トピックス**

# うつ病、過労死は労災となるか？

労働者が、業務に関連して負った負傷や疾病、障害、または死亡した場合、会社は治療費や休業補償、遺族への補償を行う。この補償を確実なものにするため、会社は労災保険に加入している。

近年は、過労などを原因とするくも膜下出血による死亡、業務の重圧によるうつ病や過労自殺など、労災として認定されることが増えてきた。

会社が多額の損害賠償を請求されることもある。

会社には労働者の心身の健康に配慮する義務がある。社内のメンタルヘルス対策として、研修や社外の相談先を確保することなどを考える必要がある。

## 過労死は労災となるケースが増えた

### 過労死とは何か？
長時間労働などによる、業務上の肉体的・精神的疲労の蓄積による死亡。

↓

### 過労死の判断基準は？
その死亡の原因が、会社の業務によるものかどうかによって判断される（左ページの基準参照）。

┆

裁判となった場合、長時間労働やストレスの蓄積と発症の関係を認める判決が増えた。

↓

労災に認定されるケースが広がっている。

142

## 過労死の認定には基準がつくられている

### ●脳血管疾患、心臓疾患による死亡

**認定の基準**
①発症の直前（前日まで）に、精神的・肉体的負担が大きい突発的な事件があった。
②発症に近い時期に（1週間程度）に、非常に重い業務についた。
③発症までの長い期間（6か月程度）に、疲れがたまる非常に重い業務についていた。

「業務の重さ」の重要ポイントは労働時間。発症前1か月間に100時間以上、発症前2〜6か月間に毎月80時間以上の時間外労働が目安。

### ●うつ病などによる自殺

**認定の基準**
発症までの長い期間（6か月程度）に、職場で強いストレスを受け、そのストレスが続き、または拡大した。

過労死は、労災認定されやすくなっている。また、遺族が会社を訴えるケースもある。会社は、従業員の状態に敏感に対処しなければならない。

社内の罪と罰

# 私用メールは最悪解雇もある

## ケースによって処分や対応は異なる

### 私用メール
メールの頻度や内容によるが、職務専念義務違反として懲戒処分の対象とできる。悪質な場合、懲戒解雇とした例もある。同様に、アダルトサイト閲覧、パソコンによる勤務中の株売買も職務専念義務違反。

[就業規則や服務規律では]
パソコンの普及など職場環境の変化に合わせて、禁止事項の追加や変更が必要。

### ウイルスなどによる個人情報流出
過失の程度や被害の大きさによるが、懲戒処分に加え損害賠償の対象。上司も管理・監督義務違反に問われる場合がある。

[就業規則や服務規律では]
データの持ち出しや、個人のパソコンによる仕事の禁止などを明示しておく。

## 懲戒処分には重いものと軽いものがある

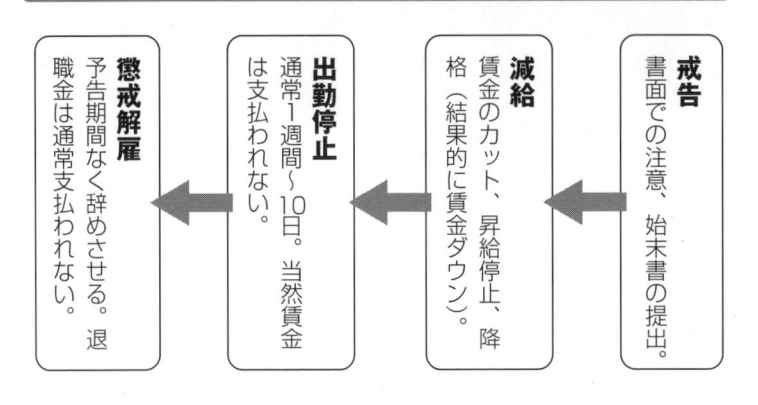

**戒告**
書面での注意、始末書の提出。

**減給**
賃金のカット、昇給停止、降格(結果的に賃金ダウン)。

**出勤停止**
通常1週間〜10日。当然賃金は支払われない。

**懲戒解雇**
予告期間なく辞めさせる。退職金は通常支払われない。

144

## 無断欠勤・遅刻
頻度や悪質さなど、内容により、懲戒処分の対象。

**[就業規則や服務規律では]**
「○日以上の無断欠勤は懲戒解雇」などの規則は、具体的に定める。さらに文書などで出勤や勤務態度の改善を求めたうえで、処分を判断する。

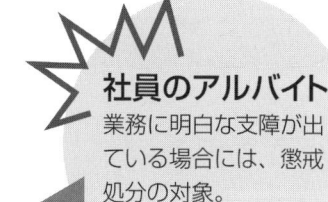

## 社員のアルバイト
業務に明白な支障が出ている場合には、懲戒処分の対象。

**[就業規則や服務規律では]**
規則を設けていても、兼業を一律に禁止するのは難しい。禁じるためには合理的な理由が必要。

*深夜のアルバイトで、日中の業務に支障が出るなど。

**[就業規則や服務規律では]**
飲酒運転を未然に防ぐためにも、懲戒解雇を含め、厳しい規定を設けておく。

## 飲酒運転
程度にかかわらず、懲戒処分の対象。社会的にも批判が高まっており、厳罰化の傾向。事故を起こせば解雇も可能。

---

会社には守るべきルールがある。たとえば、私用メールや私用ネット閲覧などは職務怠慢であり、基本的に認められない。

こうしたルールは、常識や良識でなく、できるだけ就業規則や服務規律に「懲戒規定」として明示しておきたい。その規定により、ルールに違反した労働者に制裁（懲戒処分）を下すことができる。始末書の提出（戒告）から懲戒解雇まで、ルール違反の内容により、制裁の重さは異なる。

私用メールなら、その頻度や内容によって判断することになる。会社のパソコンで、出会い系サイトなどに数年にわたって1000回以上アクセスしていた社員を懲戒解雇にした例がある。

# 退職・解雇
# 解雇するには「予告」が必要

## 労働者には、退職する自由がある

労働者からの退職の申し出
書面でも口頭でもかまわない。また、理由は問わない。

→ 2週間 → 退職できる

### 基本的に労働者の転職先は制限できない

労働者には「職業選択の自由」があるため、同業他社への転職を一方的に禁止できない。
①就業規則や労働契約に「競業禁止(競合する他社への転職禁止)」の明記などがあり、②合理的な範囲内である場合(その転職により、会社が大きな損害をこうむるなど)のみ認められる。

> 転職禁止期間の長さや、地域・職務の範囲、代償措置などは、企業秘密保持の重要性などと照らし合わせて、十分検討する。

退職とは労働契約の終了である。通常、雇用期間の定めがない労働者は、その2週間前に申し出れば、自由に退職できることが法律で定められている。就業規則に1か月程度の事前申し出を規定していても、法律が優先される。ただし、実際上は業務の引き継ぎや後任選びなどを考え、1〜2か月前の申し出が望ましい。

退職は会社から申し出る場合もある(解雇)。ただし、解雇は第三者が見てもやむを得ないような理由がないかぎり、権利の濫用として無効になる。また、解雇の30日前までに予告することが必要だ。

146

第5章 社内を制する者がビジネスを制す

## 解雇にはそれなりの理由が必要

### 普通解雇
解雇の30日前までに予告しなければならない(予告しない場合は30日分以上の平均賃金を支払わなければならない)。

### 懲戒解雇(ちょうかい)
予告なく即時解雇できる。通常、退職金なども支払う必要はない。

### 解雇できる条件
①会社の経営上、人員整理が必要な場合(整理解雇)。
②無断欠勤が続くなど、勤務態度が著しく悪い。
③期待に比べて、能力が著しく低い。

●①〜③の場合に解雇とすることが、就業規則に明記されている。
●②と③は、指導・警告を続けても改善しないなどの場合に認められる。

### 解雇できる条件
①職場内で盗み、横領、傷害などを行った。
②賭博(とばく)行為などで会社の風紀を乱した。
③採用の重要な要件について、経歴をいつわっていた。
④同時に他の会社などの仕事を行い、業務に大きな支障を生じさせた。
⑤2週間以上正当な理由なく無断欠勤し、出勤の催促に応じない。

# パート・アルバイト・契約社員

## パートタイマーにも有給休暇はある

### 非正規社員の区別はあいまい

注・派遣社員については150ページ参照。

**パートタイマー**
正社員に比べ、労働時間や労働日数が少ない。

実際には厳密に使い分けられていない。いずれも、会社が人件費を減らす手段として使われる面がある。

**アルバイト**
本来は学生などが余暇時間を利用して働くこと。フリーターはアルバイトが専業化した人。

**契約社員**
特定の仕事のために期間を定めて働く人。一般に高度な技術や専門性の高さを持つ。

わたしは"契約社員"ですが、パートタイム労働法の適用を受けられるのですね。

総務省の労働力調査によると、男性で18・3％、女性は53・5％が非正規雇用である（平成19年）。

非正規雇用には、パートタイマー、アルバイト、契約社員、派遣社員（150ページ参照）など、さまざまなタイプが含まれる。

いずれの非正規社員も、正社員に比べて、その待遇には不利な点が多い。

こうした非正規社員の権利を守るためにつくられたのがパートタイム労働法だ。正社員との間の差別的取り扱いを禁じ、また、雇用時の労働条件の通知や期間更新時のルールなどを定めている。

## 正社員と非正規社員を比べてみよう

|  | 正社員 | 非正規社員 |
| --- | --- | --- |
| 雇うとき | 期間の定めなし | 数か月〜1年という契約期間を定める。 |
| 賃金 | 賞与、退職金あり | 賞与や退職金はないことが多い。 |
| 就業規則 | あり | 必要。正社員と労働条件が異なる場合は「パートタイマー就業規則」など別につくる。 |
| 有給休暇 | あり | 労働日数に準じた有給休暇がある。育児休業、介護休業も原則としてある。 |
| 社会保険<br>（健康保険・厚生年金） | あり | おおむね、正社員の1日の労働時間の3/4以上、1か月の労働日数の3/4以上なら加入が義務。 |
| 契約終了 | 基本的に定年時 | 契約が繰り返し更新されている場合、契約更新しないときには合理的な理由が必要。 |

### セーフorアウト　パートタイマーは正社員になれるか

パートタイム労働法の改正により、パートやアルバイト、契約社員が、正社員とほぼ同じ業務内容、時間で働いているのなら、会社は正社員への道をつくらなければならないとされた（正社員登用試験の実施や、正社員社内公募制度など）。

これにより、いったん労働契約を結んだときの雇用のタイプがどうあれ、正社員となる道が開かれたといえる。

実際に当てはまる人は多くないが、非正規社員に対する「安い賃金で使える労働者」という雇う側の考え方を改める第一歩といえる。

## 派遣
### 派遣社員のミスは誰の責任か？

派遣社員は、登録した派遣会社(派遣元)から紹介された派遣先で働く労働形態だ。派遣先の会社には、派遣社員を使うことで、人件費を抑え、業務量の変化に対応できるメリットがある。

派遣先の会社の社員などになることを予定して、一定期間の派遣労働でお互いを見きわめる「紹介予定派遣」もある。

派遣には、法律で派遣労働が禁じられている業務や事前面接の禁止などのルールがある。こうしたルールに違反した場合、監督官庁からの勧告や、会社名の公表などの制裁が行われることがある。

#### 指揮・命令する会社と、給与を支払う会社が別となる

**派遣社員** ←労働契約を結ぶ。（雇用・登録）→ **派遣会社（派遣元）**

派遣会社 →賃金を払う。→ 派遣社員

派遣社員 →労働→ **派遣先の会社**

派遣先の会社 →仕事の指示・指揮を受ける。→ 派遣社員

派遣先の会社 →契約料を払う。→ 派遣会社

派遣会社 ←労働者派遣契約を結ぶ。→ 派遣先の会社

## 間違いやすい派遣社員への対応

**Q.面接して選べる?**
**A.面接はできない。**
派遣先の直接雇用と変わらなくなってしまうため。履歴書の事前送付も×。

「もっときちんと働いてほしい。」

**Q.派遣社員のミスは誰の責任?**
**A.契約内容による。**
なんらかの損害が出た場合、派遣社員と派遣会社に損害賠償を請求できるが、派遣先にも監督責任がある。すべて押し付けることは難しい。

「それは派遣会社に言ってください。」

**Q.働きが悪い。クビにできる?**
**A.派遣会社と話し合って。**
業務に必要な能力・技術を持っていなければ、派遣会社に、適切な人に代えてもらうよう依頼できる。ただし、派遣先の都合である場合は、相当の期間を持って派遣会社に申し入れ、合意を得るべきだ。

**Q.残業をさせられる?**
**A.派遣会社の就業規則による。**
派遣会社の就業規則などに定めがあれば可能。残業代（割増賃金）も派遣会社から支払われる。

**Q.派遣期間に制限はある?**
**A.原則として制限はない。**
ただし26の専門的業務[*]以外は上限が3年となっている。

[*]ソフトウェア開発、秘書、事務用機器の操作など。

### 日雇い派遣はダメ?
日雇い派遣とは1日単位で派遣労働を行うもの。低賃金、労働環境の悪さなどが問題視され、禁止される見込みだ。

**POINT**
港湾運送業務、建設業務、警備業務など、派遣労働が禁じられている業務もある。

第5章 社内を制する者がビジネスを制す

「会社は利益だけを追求すればよい」という時代は終わった。

消費者の権利や安全を意識し、

社会に一定の貢献をすることが、

求められている。

第6章

# 消費者や社会を読めない会社は沈む

## 独占禁止法

# 談合はどうして悪いのか

**独禁法はフェアな競争を守る**

会社どうしが、サービスや価格などで切磋琢磨して、多くの消費者を得る努力をするのが正しい姿。

選ぶのは消費者なのよ。

　消費者は、多くの商品やサービスのなかから自分たちが気に入ったものを選ぶことができる。もし、事前に会社どうしが話し合って、値段を決めていた場合、消費者は会社が決めた値段で買うしかない。これは、不当に消費者の選ぶ権利を奪うことになる。

　会社どうしの競争がないと、よい商品づくりやサービスの工夫が行われないことにもつながる。経済の発展にマイナスともなる。

　そのため、こうした行為は独占禁止法で禁じられ、公正取引委員会という行政機関が、違反行為を厳しく監視、取り締まっている。

154

### 私的独占
力を持ったある会社が、他の会社を排除したり支配したりして競争を制限する。

**例**…メーカーA社が原料仕入先のB社に、他のメーカーに原料を卸させないようにする。

### 不当な取引制限
ある会社が他の会社と共同して、価格や供給、生産などをコントロールする（カルテル）。

**例**…公共工事受注などの入札で、事前に参加する会社が話し合い、金額や受注会社を決める（入札談合）。

*複数の会社が見積もりを出し、それにより依頼先を決める。

### 不公正な取引方法
競争に公正さが失われる可能性のある取引方法を行う。

**例**…資金力のある会社が、製品を不当に安い価格で売り、他の会社の事業活動を困難にする（不当廉売）。

---

正しい競争が行われなくなり、
消費者は、サービスや価格の選択ができなくなる。

## いずれも、独禁法違反！

**公正取引委員会が取り締まる**
公正取引委員会とは、独禁法を運用する行政機関。違反を防ぐため広報を行ったり、違反行為を取り締まる。審査官が調査、時には強制立ち入りも行う。

## 違反には厳しい措置がとられる

### 排除措置命令
違反行為をやめるよう命令する。従わなければ、刑事罰が。

### 課徴金納付命令
違反行為によって得た利益にもとづいて課徴金が計算される。

談合などで違反を自主申告した会社は、課徴金が全部または一部免除される。

### 刑事罰
**会社の責任者**…3年以下の懲役または500万円以下の罰金
**会社**…5億円以下の罰金

### 損害賠償請求
被害を受けた取引相手は、違反行為をした会社に損害賠償を請求できる。

第6章　消費者や社会を読めない会社は沈む

# 消費者を守るルール
## 勘違いさせるような契約は認められない

### 不誠実な契約はルール違反だ

**1 事実と違うことを告げた**
築50年の住宅を築25年として販売した、など。

**2 不確実な情報を断定的に伝えた**
ある土地を、必ず値が上がるとして販売した、など。

**3 悪いところを隠していた**
ある金融商品の販売時に、元本割れのリスクを説明しなかった、など。

**4 帰ってほしいと言われても帰らなかった（不退去）**
訪問販売で、消費者の自宅に居すわって契約させた、など。

契約は対等な立場で結ぶべきものだが、物やサービスを販売する会社と購入する消費者の間には、商品などの情報や交渉のテクニックなどに大きな差がある。消費者は不利な立場にあり、消費者の契約に関するトラブルは、年々増えている。

そこで定められているのが「消費者契約法」だ。たとえ契約が成立していても、上図のような不適切な行為があった場合は、消費者側からその契約を取り消すことができる。適用範囲は広く、会社と消費者が結ぶ、すべての契約が対象となる。

> **POINT**
> 取り消しできるのは、1〜3に気づいたとき、4、5はこの行為があったときから6か月、または契約から5年間。

契約のときには、そんなこと言ってなかったじゃないか！

## 消費者が申し出て取り消しができる。

### 以下のような契約書の条項は無効となる

- 会社の損害賠償責任を免除したり、制限する内容。
- 不当に高額な解約料。
- その他、消費者の利益を一方的に損なう内容。

内容証明郵便（110ページ参照）などによる通知により、契約は取り消しとなる。

### 5 帰りたいと言われても帰さなかった（監禁）
無料体験に参加させ、契約するまで帰さなかった、など。

**セーフorアウト**

### 消費者を誤解させる広告はダメ

広告などの表現も、消費者を誤って判断させないよう厳しく規制されている。たとえば、「トップ」「NO.1」「第1位」という表示は、事実であることはもちろんだが、その調査範囲やデータの算出方法を、はっきり表示しなければ「景品表示法*」違反となり、排除措置命令などが出される可能性がある。

\*正しくは、不当景品類及び不当表示防止法。

第6章 消費者や社会を読めない会社は沈む

# 集中トピックス

## 消費者は悪質な販売業者から守られる

通信販売や電話勧誘、訪問販売などのいわゆる無店舗販売や、語学教室、エステなど、店で直接売買する以外の販売方法については、「特定商取引法」により、特別な規制が設けられている。

特定商取引法で規制される取引には、一定期間の「クーリング・オフ」（無条件の解約）が認められる。クーリング・オフでは、業者の同意などは不要。消費者が一方的に契約を解除できる。

解除は、後日の紛争を避けるため、配達証明付内容証明郵便で行うとよい。

### 1 訪問販売

消費者宅を訪ねての取引、キャッチセールス（路上で呼びとめ、別の場所での取引）、アポイントメントセールス（電話などで販売目的であることを告げずに呼び出しての取引）、など。

➡ しつこい勧誘や、高齢者などの判断力の低下に乗じた契約は禁止。

### 2 通信販売

新聞や郵便、インターネットなどを利用した取引。

➡ 誇大な広告は禁止。
➡ 消費者に判断する時間があるため、クーリング・オフはできない。

### 3 電話勧誘販売

電話をかけて、または消費者に電話をかけさせて勧誘する取引。

➡ 一度断られた後の再勧誘は禁止。

商品購入時に、消費者をモニターなどに勧誘し、登録料などを負担させる「内職、モニター商法（業務提供誘引販売取引）」も、マルチ商法と同様に規制される。

## 無店舗販売などには、さまざまな規制がある

### 1〜5のような販売業者には、次のことが義務づけられている

- 会社名、勧誘者名、勧誘目的であること、販売する商品を勧誘の前に告げる（通信販売は適正な広告を行う）。
- 法的にクーリング・オフできる取引（通信販売を除く）は、契約時、消費者にその旨を書面で渡す。
- 嘘の説明をしたり、重要事項（価格や支払い条件など）を隠して勧誘してはならない（広告の表示も同様）。

### 5 語学教室、エステ

長期間、継続して提供されるサービス。その他、家庭教師、学習塾、結婚情報サービス、パソコン教室なども同じ（特定継続的役務提供）。

➡ 違約金（それぞれ上限がある）を支払えば、いつでも無条件に解約できなければならない。

### 4 マルチ商法（連鎖販売取引）

消費者に商品などの再販売や勧誘を行わせる取引。

➡ 特定利益（再販売・勧誘で得られる報酬や紹介手数料）と、特定負担（特定利益を得るための金銭負担）を事前に伝えなければならない。
➡ 他の販売方法よりもルールは厳格。

### 1、3〜5の取引でトラブルがあったときは、

## 消費者はクーリング・オフができる
（一定期間の無条件解約）

クーリング・オフができる期間は

①訪問販売、③電話勧誘販売、⑤特定継続的役務提供→契約書を受け取ってから8日間
④連鎖販売取引と業務提供誘引販売取引
→契約書を受け取ってから20日間

## PL法（製造物責任法）
# 製品の欠陥はお金と信用を失う

【「欠陥」による損害は賠償しなければならない】

**製品に欠陥があり、消費者が生命、身体、財産に損害を受けた。**

**欠陥とは…**「その製造物が当然持つべき安全性を欠いている」

正当な使用法でなくても、予測できる誤使用には欠陥責任が生じる。
例　乳幼児が誤って飲み込むなど。

### 欠陥には3つのタイプがある

**設計上の欠陥**
事故のとき、火災を誘発しやすい位置にガソリンタンクがあるなど。

**製造上の欠陥**
配線ミスや部品のつけ忘れなど。

**指示・警告上の欠陥**
取扱説明書などの指示が不十分。

　PL法とは「製造物責任法」のこと。会社などがつくった製造物の欠陥により、消費者が生命、身体、財産に損害を受けた場合、製造者が損害賠償責任を負うことを定めた法律だ。

　工業製品のほか、魚などを調理して販売する加工業者もPL法の対象だ。製造・加工していなくても、輸入した製品を販売する業者も対象である。

　PL法による消費者からの訴えは、対応を誤ると、損害賠償ばかりでなく、会社に対する消費者の信頼を失う重大問題に発展することもある。

## セーフorアウト

### PL法の対象になるケースならないケース

- 濡れた猫を乾かそうと電子レンジに入れ、猫が死んだ→事前に想定不可能なケース。対象とはならない。
- 地震でタンスが倒れ、けがをした→震度3など、しばしば起こる弱い地震の場合、対象となる可能性がある。
- 料亭で食べた焼き魚で食中毒になった→加工食品とされ対象となる。

A社ブランドの商品をB社がつくっているという場合、A社、B社とも損害賠償請求の対象となる。

**損害賠償請求**

・製造業者や加工業者
・輸入業者

製品などが輸出されて、海外で事故が起こった場合、相手国のPL法が適用される。

もし、製品に欠陥が見つかったら、誠意あるすばやい対応が大切だ。
また、取扱表示や取扱説明書は、わかりやすく、誤解の生じないものにしておかなければならない。

### 万全とはいえない取り扱い説明の例

「他の洗浄剤と混ぜないでください」
→混ぜることで製品の性能が落ちるのか、人体に影響が及ぶのかわからない。混ぜたらどうなるかを併せて記載する必要がある。

「1回につき少量をお使いください」
→少量、適量などの表現は個人によりとらえ方が異なる。キャップ○杯、○gなど明確な表現を心がける。

## 個人情報保護法 — 賠償額が数億円を超えることも

### 個人情報の扱いには細心の注意を払う

**個人情報とは**
1. 特定の個人を識別できるもの(名前、住所、電話番号、メールアドレスなど)。
2. 他の情報と照合して、簡単に特定個人を識別できるもの。

> 死者や法人に関する情報は、原則として含まない。

### 対象は「個人情報取扱事業者」

過去6か月以内のいずれかの日において、5000人以上の個人情報データベース*を扱っている会社など。

*個人情報を整理して検索できるように構成したもの。

### 個人情報管理の6か条

① 個人情報の使いみちは、本人に伝える(それ以外には使ってはならない)。
② 個人情報は、本人の了解を得て取得する。
③ 常に、最新で正確な個人情報を維持する。
④ 流出、盗難などを防ぐ措置をとっておく。
⑤ 第三者への提供は、本人の了解を得てから。
⑥ 本人が閲覧できる。

---

「個人情報」の流出を防止するために制定されたのが「個人情報保護法」である。

その背景には、IT技術の発達により、大量の情報が簡単にやりとりできるようになったことがある。大量の顧客データなど個人のプライバシーにかかわる情報が、簡単にコピー、送信できるため、個人にまつわる情報が流出する事件や事故が頻発したのだ。

個人情報保護法により、一定以上の個人情報を扱う会社(個人情報取扱事業者)は、社内の管理体制を整えるなど、さまざまな義務を負うことになった。

162

## もし、個人情報が流出したら、すばやく対応する

流出の原因は、盗難、紛失、パソコンの誤操作、コンピュータウイルスなどさまざま。

↓ すぐに対応

### お金と信用が失われる

**損害賠償**…1人当たり数千～数万円

その他、信用の低下、復旧や検証にかかるコスト

50万人の顧客データを紛失して、賠償額が1人1万円なら、50億円になる。

もれた情報の内容、件数を把握して原因を究明する。

情報が流出した人への通知、おわび（場合によっては個別におわび料を支払う）。

### セーフorアウト
### 損害賠償の額は×人数で莫大なものに

京都府宇治市の約20万人分の住民基本台帳データが流出した事件では、訴えた3人の原告1人あたりに、約1万円の賠償支払いが命じられた。もし仮に1万人が訴えを起こしたなら、1億円である。

流出した個人情報が悪用され、なんらかの被害が出た場合には、賠償金額が跳ね上がることが予想される。

また、ヤフーBBの660万人ともいわれる会員情報が流出した事件では、会員が去らないように、情報流出の有無にかかわらず、全会員に1人500円のおわび券を配布した例がある。

第6章 消費者や社会を読めない会社は沈む

# クレーム処理

## クレーム対応に欠かせないのは「誠意」

### 最初の対応が肝心

**初期対応はていねいに行う**
（電話、来社のケース）

**①謝罪する**
相手の言い分を認めるのではなく、迷惑をかけたことに対して謝る。

**②相手の話を十分聞く**
相手の言い分を、さえぎったり反論したりせず、最後まで聞く。

**③対応はすぐに行う**
できないことはできないと伝える。たらい回し、放置などは厳禁。

**クレーム発生！**
電話、来社、手紙、メールなど方法はさまざま。

**POINT**
苦情や問い合わせに対する対応マニュアルをつくり、対応に個人差が出ないようにする。
情報をもれなく聴き取るために、統一の書き込み用紙などをつくっておくとよい。

製品や商品、サービスを提供する会社に、クレームはつきものだ。内容によらず、まずは誠意あるていねいな対応が必要である。製品に対するクレームから、製品の欠陥が早期に発見されたり、製品を改善するヒントになることもある。

一方、対応を誤って話がこじれると、損害賠償を請求されたり、会社のイメージダウンにつながることにもなりかねない。

ただし、金銭的な要求などを目的とした悪質クレーム（言いがかり）であることがはっきりした場合は、断固としてその要求を拒絶しなければならない。

「何だあコノヤロー！！しらばっくれんのか？」

悪質で執拗なクレームは、交渉を打ち切ってもよい。ただし、厳格に事実確認して、相手に非があることを明確にしておく。

**以下のポイントを確認する**
- 相手の氏名、住所、連絡先。
- 要求や目的は何か。
- 製品の欠陥などなら、実物を送ってもらう。

社内ルールに則った、平等な解決方法を示す（代金返却、商品の交換など）。

→ 解決しない →

**交渉する**
- 直接会うときは2人以上で対応する。
- 必要なら会話を録音する（相手の了承のうえで）。
- 話し合いがついた場合は、示談書を取り交わすとよい。

話し合いがつかない場合、弁護士に交渉を依頼する。

**交渉までに調べておく**
- 会社に法的な責任は生じるか。
- 会社に責任がある場合、どんな補償を行うことになるか。

**解決**

第6章 消費者や社会を読めない会社は沈む

---

### こんなことを言われたらどうする？

**「自宅に謝りに来い！」**
相手がけがをしている場合など、直接謝罪したほうがよいケースもあるが、そうでなければ「電話でまずお話を聞かせてください」などと断る。

**「社長を出せ！」**
クレームを受けた者の立場によるが、担当者なら「会社から任されていますので、私が対応させていただきます」などと回答する。もちろん、会社側の判断で担当を替えてもよい。

# 内部告発
## 通報者への仕返しは禁じられている

### 「公益通報」として守られる通報のしくみ

会社の不正に気がついた

**上司や社内の通報窓口などに通報する**
（メールや文書でもよい）

**直接会社の外へ通報もできる。**
（通報内容が真実と思われる証拠がある場合）

**公益通報として保護される通報内容の主な基準**
・個人の生命や身体にかかわる違法行為か。
・消費者の利益にかかわる違法行為か。
・公正な競争にかかわる違法行為か。
・環境保全にかかわる違法行為か。

✕ 自己の金銭的利益や、他人をおとしめるための通報は保護されない。

通報は、実名で行うことが条件。

　自分の会社で不正に気づいたとしても、相手が上司や役員である場合、わが身にふりかかる不利益を恐れて、告発できないケースは多い。

　こうした告発者を守るためにつくられたのが「公益通報者保護法」である。告発した者（公益通報者）に対して不利益な扱いをすることが、法律で禁じられることになったのだ。

　会社の社会的責任が問われる時代、内部告発は社内の不正を早期に見つけられる有益なものととらえ、告発を行いやすい体制づくりをすることが必要である。

166

> 会社の不正（違法行為）を通報しても不利な扱いから、法的に守られるんだ

会社は通報内容を調査して、関係者の処分や関係行政機関への報告を行う。

↓

結果を通報者に知らせ、通報者が不利益な扱いや、いやがらせなどを受けないよう配慮する。

## 通報者への不当な扱いは禁じられている

解雇や派遣契約の解除

**無効**

不利益な扱い（降格、減給、自宅待機命令など）

**禁止**

不利益な扱いがあれば、労働審判制度（141ページ参照）や訴訟により、裁判所で解決をはかる。

違反内容に関係する行政機関

マスコミや消費者団体

**行政機関以外の外部に通報するための要件**

社内に通報することで、解雇されたり、証拠隠滅が行われる危険性がある。

社内に通報後、20日以上たっても、合理的な理由もなく調査などが行われていない。

第6章 消費者や社会を読めない会社は沈む

## 環境対策
# 環境への姿勢が株価を左右することも

地球規模の環境問題が大きくクローズアップされるようになり、国は「環境基本法」を定め、環境対策の大きな枠組みをつくっている。会社も、これまでの公害対策はもちろん、社会的責任を果たすために、リサイクルや温暖化防止など、積極的な環境への取り組みを行うことが求められている。

環境への取り組み方が会社の評価の1つとなり、株価にも影響が表れるようになっている。

「社会的責任投資」という、環境対策や法令遵守などを基準として、投資先の会社を選定するような金融商品も登場しているのだ。

### 環境を守るための法律が整備されてきた

#### 環境基本法
日本の環境対策の基礎となる法律。環境保全の基本理念や考え方などを定める。

##### 廃棄物処理法
廃棄物の捨て方について定める。

##### リサイクル関連法
リサイクル（廃棄物の再利用）のルールについて定める。

#### 個別の環境対策法
・大気汚染防止法
・水質汚濁防止法
・土壌汚染対策法
・自動車NOx・PM法（自動車の排出ガスなどの規制）
・ダイオキシン対策特別措置法
など

自治体には、法律より厳しい環境保全の条例を持つところも多い。

**法律を守るのは最低ライン。
これらを上回る対策が求められている。**

## 積極的な取り組みが進んでいる（例）

### 環境会計を公開する
環境保全に投じたコストとその効果を、お金に換算して一般に公開する。
**沖電気**など、グループ会社全体で集計を行う会社もある（連結環境会計）。

### 環境経営を行う
環境への負荷を最小限にしつつ、利益の最大化をはかる経営手法。
●1000を超える会社が、環境経営の実践をまとめた「環境報告書」を公表している。

### 製品を環境に配慮したものにする
**富士フイルムの例**
省エネ、リサイクルなど一定の「環境品質」が定められており、すべての製品は環境品質をクリアしなければ、製品化されない。

### 生態系を守る
**JR東日本の例**
「ふるさとの森づくり」として、その土地の生態系に合った植林活動を展開している。

すべての会社には環境を守る責任がある。その対策を情報公開することも必要だ。

### 温暖化対策を行う
**シャープの例**
「2010年地球温暖化負荷ゼロ企業」をかかげ、$CO_2$など温室効果ガスを削減し、太陽電池による省エネの拡大をはかっている。

### 環境マネジメントに取り組む
環境マネジメントでは、事業活動に、環境問題に取り組むしくみ（環境保全の専門部署を設けるなど）を取り入れる。
●環境マネジメントの国際規格であるISO14001を取得した日本企業は、上場企業の80.1%[*]にのぼる。

[*]環境省「環境にやさしい企業行動調査（平成18年）」のアンケートに回答した企業のうちの割合。

第6章 消費者や社会を読めない会社は沈む

# 集中トピックス

# 困ったときは外部の力を借りる

会社法務の仕事は、契約書の作成や株主総会への対応、会社の財産管理、取引先の与信管理（信用調査）、担保や債権の管理などだ。

しかし、重要な問題やトラブルには、外部の専門家の助けを得ることになる。代表的なのが弁護士だ。一定の顧問料を払って契約している顧問弁護士が会社にいれば、すばやい対応を受けられる。

ただし、弁護士にも得手不得手がある。内容によっては別の弁護士への依頼も考えたい。弁護士選びも重要な業務の1つである。

## 依頼時には委任契約を結ぶ

**会社**

**依頼のポイント**
- その問題にくわしい弁護士を選ぶ。
- 依頼するなら早い段階が望ましい。
- おまかせでなく、仕事内容はチェックする。

**委任契約** ⇔ ある事務の処理を任せる契約。

**弁護士**

**主な仕事**
- 債権に関する訴訟や強制執行、保全処分などの手続。
- 重要な契約書の作成。
- 総会屋や暴力団などへの法的対応。

## 会社法務でかかわる専門家たち

| | |
|---|---|
| 司法書士 | 不動産登記や商業登記の手続全般を依頼する。 |
| 土地家屋調査士、不動産鑑定士 | 不動産の状況確認や評価を依頼する。 |
| 公認会計士、税理士 | 法的問題が会計、税務にかかわる場合に相談する。 |
| 弁理士 | 特許の取得手続を依頼する。 |
| 行政書士 | 各種許認可など行政手続を依頼する。 |
| 興信所、信用調査機関 | 取引先の信用調査を依頼する。 |

# さくいん

## な

内部告発……………………………166
内部統制………………………………16
内部統制報告書………………………16
内容証明郵便………………………110
日本版SOX法…………………………16
入札談合……………………………155
任意整理…………………………118,120

## は

パートタイマー……………………148
買収……………………………………45
配置転換……………………………136
派遣社員……………………………150
破産………………………………119,120
パワーハラスメント………………140
PL法（製造物責任法）……………160
ビジネス文書…………………………88
非正規社員…………………………148
日雇い派遣…………………………151
服務規律……………………………129
普通解雇……………………………147
普通決議………………………………37
物的担保……………………………105
不動産……………………………50,52
フレックスタイム…………………133
不渡り…………………………………93
変形労働時間制……………………132
弁護士………………………………170
法人……………………………………24
法的整理……………………………119
法務局…………………………………55
法令等の遵守…………………………14
保全処分……………………………116

## ま

みなし労働時間制…………………132

## や

民事再生…………………………119,120
民事調停……………………………115
無限責任………………………………20
無体財産権……………………………56
持株会社（ホールディングス）……44
持分会社………………………………20

## や

遺言…………………………………123
有給休暇…………………………134,149
有限責任………………………………21

## ら

リスク…………………………………12
リスクマネジメント…………………12
流動資産………………………………51
領収書…………………………………88
稟議書…………………………………89
臨時株主総会…………………………36
連帯保証人…………………………104
労災…………………………………142
労働契約…………………………70,126
労働審判制度………………………141

## わ

割増賃金……………………………131

171

| | |
|---|---|
| 債務名義……………………114,117 | 即決和解……………………………115 |
| 裁量労働制…………………………133 | |
| CSR……………………………………15 | **た** |
| 自益権…………………………………34 | 大会社…………………………………22 |
| 事業譲渡………………………………44 | 退職……………………………………146 |
| 事業用定期借地権……………………81 | 代表者印………………………………90 |
| 下請けいじめ…………………………82 | 代表取締役……………………………30 |
| 質権……………………………………105 | 代物弁済………………………………112 |
| 執行役…………………………………29 | 代理人…………………………………72 |
| 実用新案権……………………………56 | WTO……………………………………87 |
| 支払督促………………………………115 | 単純承認………………………………123 |
| 私法人…………………………………25 | 男女雇用機会均等法…………………138 |
| 社印……………………………………90 | 担保……………………………………104 |
| 社外取締役……………………………30 | 知的財産権…………………………50,56 |
| 借地権…………………………………81 | 懲戒解雇……………………………144,147 |
| 借家権…………………………………81 | 懲戒規定………………………………145 |
| 就業規則…………………126,128,149 | 著作権………………………………57,62,64 |
| 出向……………………………………136 | 賃金……………………………………130 |
| 試用期間………………………………127 | 賃貸借契約……………………………80 |
| 商業登記簿……………………………100 | 定款……………………………………26 |
| 上場……………………………………23 | 定時株主総会…………………………36 |
| 譲渡担保………………………………105 | ディスクロージャー…………………42 |
| 消費者契約法…………………………156 | 抵当権………………………………105,106 |
| 消費貸借契約………………………70,80 | 手形…………………………………92,94 |
| 商標権………………………………57,60 | 転勤……………………………………136 |
| 情報公開……………………………16,42 | 電子商取引……………………………84 |
| 自力救済の禁止………………………108 | 電子消費者契約法……………………84 |
| 人的担保………………………………104 | 転籍出向………………………………137 |
| 信用調査………………………………100 | 登記………………………………52,54,106 |
| 制限行為能力者………………………72 | 登記事項証明書………………………54 |
| セクシャルハラスメント……………138 | 倒産…………………………………118,120 |
| 設立登記………………………………26 | 独占禁止法……………………………154 |
| 線引小切手……………………………97 | 特定商取引法…………………………158 |
| 総会屋…………………………………40 | 特別決議………………………………37 |
| 相殺……………………………………113 | 特許権………………………………56,58 |
| 相続……………………………………122 | 取締役………………………………28,30,38 |
| 相続放棄………………………………123 | 取締役会……………………………28,30,39 |
| 訴訟……………………………………114 | |

172

# さくいん

## あ

- アルバイト……………………………148
- 委員会…………………………………29,33
- 育児休業………………………………135
- 遺産分割………………………………123
- 意匠権…………………………………57,60
- 委任契約………………………………82
- 委任状…………………………………89
- 印鑑……………………………………90
- インサイダー取引……………………16,46
- 請負契約………………………………82
- 裏書き…………………………………94
- 営業秘密………………………………57,66
- M&A……………………………………44

## か

- 会計監査人……………………………29
- 会計参与………………………………29
- 解雇……………………………………146
- 介護休業………………………………135
- 戒告……………………………………144
- 会社更生………………………………119,120
- 合併……………………………………45
- 株式会社………………………………20,22,26,28
- 株式交換………………………………44
- 株主……………………………………22,34,36,38
- 株主総会………………………………22,28,34,36
- 株主代表訴訟…………………………38
- 過労死…………………………………142
- 環境会計………………………………169
- 環境基本法……………………………168
- 環境経営………………………………169
- 環境マネジメント……………………169
- 監査役…………………………………29,32
- 監査役会………………………………29,33
- 管理・監督者…………………………132
- 機関（株式会社）……………………28
- 共益権…………………………………34
- 境界……………………………………53
- 強制執行………………………………116
- 競売……………………………………107
- 金融商品取引法………………………16
- クーリング・オフ……………………158
- クレーム処理…………………………164
- 契約社員………………………………148
- 契約書…………………………………74
- 欠陥（PL法）…………………………160
- 決算……………………………………42
- 限定承認………………………………123
- 公益通報者保護法……………………166
- 公開会社………………………………22
- 公開買付（TOB）……………………45
- 合資会社………………………………21
- 公正証書………………………………117
- 公正取引委員会………………………154
- 合同会社………………………………20
- 公法人…………………………………25
- 合名会社………………………………21
- 小切手…………………………………96
- 国際取引………………………………86
- 個人情報取扱事業者…………………162
- 個人情報保護法………………………162
- 固定資産………………………………50
- 子の看護休暇…………………………135
- コンプライアンス……………………14

## さ

- サービス残業…………………………133
- 債権管理………………………………102
- 債権者集会……………………………120
- 債権譲渡………………………………113
- 債権の時効……………………………103
- 催告書…………………………………110
- 在籍出向………………………………136
- 債務不履行……………………………78

●監修者プロフィール
## 萩谷法律事務所

**萩谷雅和**(はぎや・まさかず)　弁護士。1950年茨城県生まれ。東北大学大学院修士課程修了。萩谷法律事務所をかまえ、一般民事・刑事事件、企業法務などを扱う。著書に『あなたを護る反論術』(日本放送出版協会)、『知って得する民法』(ナツメ社)など。

**松江協子**(まつえ・きょうこ)　弁護士。1971年石川県生まれ。東京大学大学院修士課程修了。萩谷法律事務所に所属し、一般民事・刑事事件、知的財産、法律相談などを手がける。

**渡辺一成**(わたなべ・かずなり)　弁護士。1968年大阪府生まれ。中央大学法学部法律学科卒業。萩谷法律事務所に所属し、一般民事・刑事事件などを手がける。

●参考文献

『ビジネス実務法務検定試験3級公式テキスト』[2008年度版]東京商工会議所編(中央経済社)
『ビジネス実務法務検定試験2級公式テキスト』[2008年度版]東京商工会議所編(中央経済社)
『これだけは知っておきたい　会社の法律がなんでもわかる本』法律事務所オーセンス著(日本実業出版社)
『会社法務入門』堀龍兒著(日本経済新聞社)
『図解法律コース1　ビジネスマンのための法律知識』小澤和彦監修(総合法令出版)
『図解法律コース2　管理職のための法律知識』小澤和彦監修(総合法令出版)
『図解法律コース3　取締役のための法律知識』小澤和彦監修(総合法令出版)
『基礎シリーズ　ビジネス法務入門』加藤一郎編著(実教出版)
『「法的思考力」のある人は仕事ができる』浜辺陽一郎著(日本実業出版社)
『会社コンプライアンス=内部統制の条件』伊藤真著(講談社)
『政令・内閣府令対応　金融商品取引法の基本がよくわかる本』川崎善徳著(中経出版)
『図解　1時間でわかる内部統制』岡林秀明著(秀和システム)
『ただいま授業中　会社法がよくわかる講座』佐藤孝幸著(かんき出版)
『イラスト図解　会社のしくみ』坂田岳史著(日本実業出版社)
『すぐに役立つ　会社経営の法律　しくみと手続き』髙橋裕次郎監修(三修社)
『これだけは知っておきたい　契約書の基本知識とつくり方』小山内怜治著(日本能率協会マネジメントセンター)
『取引先倒産と債権者の対策マニュアル』高井和伸著(自由国民社)
『債権回収の進め方』池辺吉博著(日本経済新聞社)
『通勤大学法律コース　商業登記簿』ビジネス戦略法務研究会著(総合法令出版)
『図解　知っておきたい労働基準法』新村健生監修(ナツメ社)
『PL法　実務と対策はこうする』梅本弘・松本清編著(日本実業出版社)
『内部告発と公益通報』櫻井稔著(中央公論新社)
『企業のためのクレーム処理と悪質クレーマーへの対応』森山満著(商事法務)

| | |
|---|---|
| 装幀 | 石川直美（カメガイ デザイン オフィス） |
| 装画 | 弘兼憲史 |
| 本文漫画 | 『課長 島耕作』『部長 島耕作』『取締役 島耕作』<br>『常務 島耕作』『専務 島耕作』『ヤング 島耕作』<br>『ヤング 島耕作 主任編』『島耕作の優雅な1日』<br>『加治隆介の議』（講談社刊） |
| 本文デザイン | バラスタジオ（高橋秀明） |
| 校正 | 滄流社 |
| 編集協力 | オフィス201（長谷川大寛）　西一　押切令子 |
| 編集 | 福島広司　鈴木恵美（幻冬舎） |

## 知識ゼロからのビジネス法務

2009年1月25日　第1刷発行
2011年1月25日　第3刷発行

著　者　弘兼憲史
発行人　見城　徹
編集人　福島広司

発行所　株式会社 幻冬舎
　　　　〒151-0051　東京都渋谷区千駄ヶ谷4-9-7
　　　　電話　03-5411-6211（編集）　03-5411-6222（営業）
　　　　振替　00120-8-767643

印刷・製本所　株式会社 光邦

検印廃止

万一、落丁乱丁のある場合は送料小社負担でお取替致します。小社宛にお送り下さい。
本書の一部あるいは全部を無断で複写複製することは、法律で認められた場合を除き、著作権の侵害となります。
定価はカバーに表示してあります。
©KENSHI HIROKANE, GENTOSHA 2009
ISBN978-4-344-90142-1 C2032
Printed in Japan
幻冬舎ホームページアドレス　http://www.gentosha.co.jp/
この本に関するご意見・ご感想をメールでお寄せいただく場合は、comment@gentosha.co.jpまで。

弘兼憲史
# 芽がでるシリーズ

## 知識ゼロからの決算書の読み方
A5判並製　定価（本体1300円＋税）
貸借対照表、損益計算書、キャッシュ・フロー計算書が読めれば、仕事の幅はもっと広がる！　難しい数字が、手にとるように理解できる入門書。会社の真実がわかる、ビジネスマンの最終兵器！

## 知識ゼロからの簿記・経理入門
A5判並製　定価（本体1300円＋税）
ビジネスマンの基本は何か？　数字なり。本書は経理マン以外の人にも平易に、効率的に会社や取引の全体像がつかめる一冊。資産・負債・資本の仕訳、費用・収益の仕訳をマンガで丁寧に説明。

## 知識ゼロからの経済学入門
A5判並製　定価（本体1300円＋税）
すでに日本経済は、一流ではなくなったのか？　原油価格の高騰、サブプライムローン、中国の未来、国債、為替相場など、ビジネスの武器となる、最先端の経済学をミクロ＆マクロの視点から網羅。

## 知識ゼロからの部下指導術
A5判並製　定価（本体1300円＋税）
組織をまとめ、目標を達成するために、どこを評価し、どこを叱るべきか。コーチングの基本から人事評価、労働基準法まで、初めてチームリーダーになる人、必読の人材育成＆管理の入門書。

## 知識ゼロからのM＆A入門
A5判並製　定価（本体1300円＋税）
ライブドアや村上ファンド、阪神と阪急の合併など、昨今話題にのぼるM＆Aの基本を漫画で分かりやすく解説する入門書。企業合併に携わる経営や企画、管理などの部門の人には必須の一冊！

## 知識ゼロからの会議・プレゼンテーション入門
A5判並製　定価（本体1300円＋税）
ムダのない、効率的な会議はいかに準備するべきか。司会のやり方、資料の作り方、発言の仕方やプレゼン方法、説得するための論拠など、あらゆるビジネスのミーティングに役立つ基本が満載。